우리말 법화경 사경 2

혜조惠照 스님
공주사대 독어과 졸업 후 출가.
봉녕사 강원 졸업.
동국대학교 대학원 박사과정 수료.
대한불교조계종 총무원 문화국장 역임.
저서 및 논문으로
『우리말 법화삼부경』, 『운명을 바꾸는 법화경 사경』(전7권),
『행복을 부르는 법화경 사경』(전7권), 『독송용 우리말 법화경』
『너를 위해 밝혀둔 작은 램프 하나』(시집), 『엉겅퀴 붉은 향』(시집)
「연기법에 의한 공사상과 중도론 연구」(논문) 등이 있다.

우리말 법화경 사경 2

발행일 불기 2567년 9월 15일
번역 혜조 | **펴낸이** 김시열
펴낸곳 도서출판 운주사
(02832) 서울시 성북구 동소문로 67-1 성심빌딩 3층
전화 (02) 926-8361 | **팩스** (0505) 115-8361
ISBN 978-89-5746-156-3(세트) 03220
http://cafe.daum.net/unjubooks (다음 카페: 도서출판 운주사)

우리말 법화경 사경 2

혜조 惠照 譯

운주사

우리말 법화경 사경 차례

우리말 법화경 사경 2

사경 시작한 날 : 불기 년 월 일

________________ 두손 모음

묘법연화경 제二권

제3 비유품

그때에 사리불이 뛸 듯이 기뻐하며 즉시 일어나 합장하고, 부처님의 거룩하신 얼굴을 우러르며 사뢰었다.

"저는 지금 세존으로부터 이 법음을 듣고, 마음이 뛸 듯이 기뻐 일찍이 없던 희유함을 느끼옵니다. 왜냐하면 사실 저는 예전에 부처님으로부터 이와 같은 법을 들었었나이다. 그래서 모든 보살들이 성불하리라 수기

받는 광경을 다 보았었나이다. 그런데 저희들은 그 일에 참여하지 못하여, 여래의 한량없는 지혜를 잃었다고 스스로 몹시 슬퍼했었나이다.

세존이시여! 그래서 저는 항상 홀로 숲속의 나무 아래에서 앉거나 거닐면서 매양 생각하기를,

'우리들도 똑같이 법의 성품에 들었거늘, 어찌하여 여래께서는 소승법으로써 제도하시는가?' 하였나이다.

그렇지만 그것은 저희들의 허물이요 세존의 탓이 아닙니다. 왜냐하면 만약 저희들이 부처님께서 아뇩다라삼먁삼보리를 성취하는 인연에 대해 말씀하실 때까지 기다렸더라

면, 반드시 대승으로써 제도 해탈되었을 것이기 때문입니다. 그런데 저희들은 방편으로 부처님께서 근기에 맞게 말씀하신 줄을 알지 못하고, 처음 부처님 법문을 듣자마자 곧 믿고 받아들여 증득했다고 여겼던 것입니다.

세존이시여! 제가 그때부터 지금까지 밤낮으로 항상 자책하면서 마음 아파했는데, 이제 부처님으로부터 일찍이 듣지 못했던 가르침을 듣고 나니 모든 의심이 끊어져서 몸도 마음도 태연하며 편안해졌나이다. 저희들은 오늘에야 진정한 부처님의 아들이요 부처님의 입으로부터 태어났으며, 법으로부터 화생하여 불법의 몫을 얻게 되었음을 알겠나이다."

그때 사리불이 거듭 의미를 표현하고자 게송으로 사뢰었다.

저는 부처님 법음 듣고
일찍이 없던 희유함을 느꼈으며
마음 크게 환희하여
의심이 다 사라졌나이다.

옛적부터 부처님의 가르침을 입어
대승의 가르침을 잃지는 않았나니,
부처님 말씀 매우 희유하사
능히 중생들의 번뇌를 제거해 주시나이다.

제가 이미 번뇌를 다했다고는 했지만
법문을 듣고 나서야 정말로 근심걱정 없앴나

이다.

제가 산골짜기에 있거나
혹은 숲 속의 나무 아래에서

앉든지 거닐든지
항상 지난 일을 생각하고는
탄식하여 스스로 깊이 꾸짖기를,
'내가 왜 스스로 속았던가?

우리도 또한 부처님의 아들로
보살들과 똑같이 무루법에 들었건만
미래에 능히
위없이 높은 진리를 연설할 수 없으며,

더욱이 금색신의 삼십이상과

십력과 모든 해탈문이
똑같이 동일한 법 가운데 있건만
그것을 얻지 못하다니….

또 팔십 가지 미묘한 상호와
부처님만 지닌 열여덟 가지 특성 등
이와 같은 여러 공덕들을
내가 다 놓치다니 참으로 애석하구나!'

제가 혼자 거닐 때에
부처님께서 대중 속에 계시며
명성이 시방에 퍼져
널리 중생들을 이익케 하시는 걸 보고는,

혼자 생각하되,

'이런 이익을 놓치게 된 것은
내 스스로 나를 속인 탓이로다.'
밤낮으로 매양 이 일만 사무쳤나이다.

그래서 부처님 세존께
'정말 이런 공덕들을 잃어버린 것입니까?
아니면 아직 잃지 않았습니까?'
하고 여쭙고 싶었나이다.

저는 항상 세존께서
모든 보살들 칭찬하시는 것을 보고
그로써 밤낮으로 더욱
그와 같은 일만 골똘히 되씹었거늘,

이제 부처님 말씀 듣건대

근기에 맞게 설법하시어
번뇌 없으며 상상을 초월한 뛰어난 지혜로
중생들을 깨달음의 도량에 이르게 하시나이다.

저는 본래 사견에 집착하여
모든 외도 범지의 스승이 되었었는데
세존께서 저의 마음을 아시고
삿됨을 뽑아 열반을 설해주시니,

제가 삿된 소견 없애고 공한 법 증득하여
그때 마음으로 혼자 생각하기를
'나도 열반을 얻었도다' 했으나,
하지만 이제 스스로 깨닫고 보니
그것은 참된 열반이 아니었나이다.

만일 부처님 되었다면 삼십이상 구족하고
하늘천신과 사람과 야차 무리
용과 귀신들이 다함께 공경하리니
그때서야 '영원히 다 없어진 완전한 열반'이
라 하겠나이다.

부처님께서 대중 가운데
제가 미래에 성불할 것이라 말씀하셨는데,
사실 그와 같은 법음을 듣고서야
의심과 망설임이 다 없어졌나이다.

처음엔 부처님 말씀 듣고
마음속으로 크게 놀라 의심하되,
'아마도 마구니가 부처님으로 변해서
나의 마음을 어지럽히는 게 아닐까?'

그러나 부처님께서 여러 가지 인연과
비유와 조리 있는 말씀으로 가르쳐주시니,
마음이 바다처럼 편안하여
설명 듣고는 의심 덩어리 다 사라졌나이다.

부처님께서 말씀하시기를,
'지난 세상 열반하셨던 한량없는 부처님들도
방편 가운데 편안히 머무시어
또한 모두 이 실상법을 설하셨으며,

현재와 미래의 부처님들도
그 수효가 한량없으시나
역시 여러 방편으로써
이와 같은 일승법을 설하시도다.'

마찬가지로 지금 세존께서도
탄생으로부터 출가하시어
도를 얻고 법륜을 굴리심에
또한 방편으로써 설하셨다 하시니,

세존께서는 실상의 진리를 설하시되
악마 파순은 설할 수가 없나이다.
이로써 분명히 마구니가 부처님 된 것이 아님을 알겠거늘
제가 잠시 의심에 빠져서 마구니의 소치로 여겼나이다.

하지만 부처님께서 부드러운 음성으로
깊고 미묘하게 청정한 법 설하시는 내용 듣자
저의 마음 크게 환희하여 의심이 아예 사라졌

으며

바로 실상의 지혜 가운데 안주했나니,

저는 앞으로 반드시 성불하여

하늘천신과 사람들의 공경 받으며

위없이 높은 법륜 굴리어

모든 보살들을 교화하오리다!

그때에 부처님께서 사리불에게 이르시었다.

"내가 이제 하늘천신과 사람과 사문·바라문 등 여러 대중들에게 말하리라. 내가 옛적에 일찍이 이만억의 부처님 처소에서 위없이 높은 진리를 알게 하기 위하여 항상 너를 교화했으며, 너도 또한 오랜 세월 동안 나를 따라 배웠느니라. 그리고 내가 방편으로써 너를 인도했기 때문에 현재 나의 법 가운데 태어난 것이니라.

사리불아!

내가 옛적에 너를 가르쳐서 마음에 불도를 서원하도록 하였거늘, 네가 지금은 다 잊어버리고 스스로 생각하기를 '이미 열반을 얻었노라' 하다니……. 내 이제 도로 네가 본래 서원을 세워 닦았던 도를 기억나게 하고자, 너를 포함한 모든 성문들을 위하여 이 대승경을 설하리니 바로 묘법연화경이니라. 즉 보살을 가르치는 법으로 부처님께서 호념하시는 경이니라.

사리불아!

너는 미래 세상에 무량무변하며 생각으로 헤아릴 수 없이 많은 겁을 지나도록 무수한 천만억 부처님들께 공양하고는, 정법을 받들어 지키며 보살이 닦아야 할 도를 구족히 닦아서 반드시 성불하리라. 부처님의 이름은 화광여래·응공·정변지·명행족·선서·세간해·무상사·조어장부·천인사·불세존이니라.

그 세계의 이름은 '이구'요, 그 땅은 평정하면서 깨끗하게 장엄되어 안온하고 풍요하며 하늘천신과 사람들이 많으리라. 청보석의 유리로 땅이 되고 바둑판처럼 여덟 줄로 길이 났는데, 황금으로 줄을 꼬아 길을 경계하리라. 또 길가에는 칠보로 된 가로수가 있어서 항상 꽃과 열매가 무성하리라.

그리고 화광여래도 또한 삼승으로써 중생들을 교화하리라. 사리불아, 그 부처님이 출현하실 때는 악한 세상이 아니지만 처음 세웠던 원력 때문에 삼승법을 설하는 것이니라.

그 시대의 이름은 대보장엄이라 하는데, 무슨 까닭으로 '대보장엄'이라 부르는가? 그 나라에서는 보살로써 큰 보배를 삼기 때문이니라. 그 나라의 보살들은 한량없어서 생각으로 짐작할 수 없고 숫자나 비유로도 알 수 없을 정도이니, 부처님의 지혜 말고는 도저히 헤아릴 수 없을 만큼 많으니라. 보살들이 만일 걷고자 하면 보배꽃이 발을 받드는데, 그 모든 보살들은 초발심보살이 아니라

전부 다 공덕의 근본을 오랫동안 심은 보살들이니라. 또한 한량없는 백천만억 부처님들 처소에서 깨끗이 범행을 닦아 항상 모든 부처님들의 칭찬을 받아왔으며, 늘 부처님 지혜를 닦아 큰 신통력을 갖춘 것은 물론 일체 법문 내용도 잘 알고 있느니라. 성품 바탕이 바르고 거짓이 없으며 뜻이 견고한 그와 같은 보살들이 그 세계에 가득 충만하리라.

사리불아!

화광불의 수명은 십이 소겁이나 되는데 왕자로서 성불하기 전의 수명은 제외한 것이며, 그 나라 사람들의 수명은 팔 소겁이니라. 화광여래께서는 십이 소겁을 지나서 견만보살에게 아뇩다라삼먁삼보리의 수기를 주시

고 모든 비구들에게 이르시기를,

'이 견만보살이 다음에 부처님이 되리니, 부처님 이름은 화족안행 다타아가도·아라하·삼먁삼불타이리라. 그 부처님의 세계도 또한 지금 나의 세계와 같으리라.'

사리불아! 그 화광 부처님이 열반하신 뒤에 정법이 세상에 머무는 기간은 삼십이 소겁이며, 상법이 세상에 머무는 기간도 똑같이 삼십이 소겁이리라."

그때 세존께서 거듭 의미를 표현하시고자 게송으로 말씀하셨다.

사리불이 오는 세상에 부처님 되면
지혜가 넓고 거룩하여

이름을 화광불이라 하며
한량없는 중생들을 제도하리라.

무수한 부처님들께 공양하고
보살행을 구족하매
십력 등 여러 공덕 갖추어
위없이 높은 진리 증득하리니,

한량없는 겁을 지나서
대보장엄 겁이 되면
세계 이름은 이구로
깨끗하여 더러움이 없을 뿐 아니라,

유리 보배로 땅이 되고
황금줄로 그 길의 경계를 삼으며

칠보로 된 가지가지 가로수에는
항상 꽃과 과실이 가득하리라.

그 세계의 모든 보살들
뜻과 생각이 항상 견고하고
신통력과 육바라밀
이미 모두 구족한 채,

무수한 부처님들 처소에서
보살도를 잘 배웠나니
이와 같은 큰 보살들
화광 부처님께서 교화하신 제자로다.

부처님이 왕자일 때
나라와 세상의 영화를 버리고

윤회의 마지막 몸으로
출가하여 불도를 이루시리니,

화광 부처님 세상에 머무시는 수명은
십이 소겁이요
그 나라 백성들의 수명은
팔 소겁이며,

부처님께서 열반하신 다음
정법이 세상에 머무는 기간은 삼십이 소겁으로
널리 중생들을 제도할 것이고
정법이 다한 뒤의 상법도 삼십이 소겁이되,

사리가 널리 유포되어
하늘천신과 사람들이 두루 공양하리라.

화광 부처님의 일이
모두 이와 같나니,

그 거룩하신 부처님 양족존은
가장 수승하여 비길 바 없거늘
그 분이 바로 너의 몸이라
마땅히 스스로 기뻐할지니라!

그때에 사부대중인 비구·비구니·우바새·우바이와 하늘천신·용·야차·건달바·아수라·가루라·긴나라·마후라가 등 모든 대중들은 사리불이 부처님 앞에서 아뇩다라삼먁삼보리의 수기 받는 것을 보고는, 환희에 젖어 뛸 듯이 좋아하며 너무 기뻐 제각기 입고 있던

웃옷을 벗어서 부처님께 공양하였다.

석제환인과 범천왕들은 무수한 천자들과 함께 하늘나라의 아름다운 옷과 만다라 꽃·마하만다라 꽃들을 가지고 부처님께 공양하였다. 그러자 그 뿌려진 하늘옷들이 휘날리며 허공에서 저절로 빙글빙글 돌았다. 또 모든 하늘의 백천만 가지 악기들이 하늘에서 일시에 울려 퍼졌고, 여러 가지 하늘꽃들은 꽃비가 되어 휘날리는데 어디선가 이런 소리가 들려왔다.

"석가모니 부처님께서는 옛날 바라나시에서 처음으로 법륜을 굴리시더니, 지금은 또 위없이 높은 큰 법륜을 굴리고 계시네!"

그때 여러 천자들이 거듭 의미를 표현하고

자 게송으로 사뢰었다.

옛날 바라나시에서 부처님
사제 법륜을 굴리시어
모든 법이 오온으로 생멸함에 대해
분별해 주셨고,

이제 다시 미묘하며
위없이 높은 대법륜을 굴리시니
이 법은 매우 깊고 오묘하여
믿을 수 있는 자 별로 없겠나이다.

저희들이 예로부터
세존의 설법을 자주 들어왔으나
이렇게 깊고도 미묘한 최상 법문은

한 번도 듣지 못하였나이다.

세존께서 이 일승법을 설해주시니
저희들 모두 따라 기뻐하며
지혜 제일의 사리불이
지금 거룩한 수기를 받으매,

저희들도 역시 사리불처럼
반드시 미래에 성불하여
일체 모든 세간에서
위없이 가장 존귀한 세존 되오리다!

불도는 생각으로 알기 어려워서
방편으로 근기에 맞게 설하시나니,
저희들이 현재 또는 과거세에 지은 복덕과

지금 부처님 친견한 공덕을 다 불도에 회향하나이다!

그때 사리불이 부처님께 사뢰었다.

"세존이시여!

저는 이제 친히 부처님 앞에서 아뇩다라삼먁삼보리의 수기를 받았으니 두 번 다시 의심이 없사옵니다. 그러나 마음이 자재한 천이백 명의 아라한들이 옛날 배우는 유학의 경지에 있었을 때 부처님께서 항상 교화하시기를,

'나의 법은 생·노·병·사를 여의고 마침내 열반을 얻는 것이니라.'

라고 말씀하시지 않으셨습니까?

그래서 아직 배우는 과정에 있는 사람들과

배우기를 마친 사람들은, 각각 스스로 아견과 유견 및 무견 등의 모든 삿된 소견을 떠나 열반을 얻었다고 생각하였습니다. 그런데 지금 부처님 앞에서 이제까지 듣지 못했던 법을 듣자 모두들 의심에 빠져 버렸습니다.

거룩하신 세존이시여!

부디 사부대중을 위하여 어찌된 사연인지 설명해주시어, 의혹을 풀어 주시옵소서!"

그때 부처님께서 사리불에게 이르시었다.

"내가 먼저 말하지 않았더냐? 모든 부처님 세존께서 여러 가지 인연과 비유와 갖가지 말의 방편으로써 설법한 것은 모두 아뇩다라삼먁삼보리를 위해서라고 말이다. 왜냐하면 그 모든 설법이 다 보살들을 교화하기 위한 방편이기 때문이니라.

그러나 사리불아! 지금 마땅히 다시 비유로써 그 뜻을 밝히리니, 지혜로운 사람들은 비유를 통해 알아차릴 수 있으리라.

사리불아!

어떤 나라의 한 마을에 큰 재벌장자가 살고 있었느니라. 그의 나이는 늙었으나 재물은 한량없어, 전답과 가옥 그리고 하인들이 매우 많이 있었느니라. 그 집은 아주 넓고 크건만 문은 오직 하나뿐이었고, 식구는 많아서 백 명·이백 명 심지어 오백 명이나 되었는데 전부 그 안에서 같이 살고 있었느니라.

그런데 하도 오래되어 집과 누각은 낡을 대로 낡았고 담벼락은 내려앉았으며, 기둥은 썩고 대들보는 기울었느니라. 그러던 어느 날 별안간 사면에서 불이 한꺼번에 일어나 집을 태우기 시작했느니라. 하지만 장자의 아들 열 명인가 스무 명인가 서른 명인가는 아직 그 집에 남아 있었느니라. 장자는 큰불이 온 사방에서 타오르는 것을 보고 깜짝 놀라 이렇게 생각하였느니라.

'나는 비록 불타는 집에서 무사히 빠져 나왔으나 아이들은 불타는 집에서 놀기에만 정신 팔려, 도대체 무엇이 위험한 줄 알지 못하고 놀라거나 두려워하지도 않는구나. 불이 몸에 붙으면 말할 수 없이 고통스러울 텐데도, 마음에 걱정할 줄도 모르고 나오려는 생각조차 아예 없구나.'

사리불아, 그 재벌장자는 또 이렇게 생각하였느니라.

'내가 힘이 좀 세니까, 옷 넣는 함이나 책 담는 궤짝이라도 써서 아이들을 담아 가지고 얼른 집에서 끌어내와야겠다.'

이윽고 다시 생각하기를,

'이 집은 문이 하나뿐인데다가 또 좁기까지 하니 어떡하면 좋은가? 애들은 어려서 철모르고 놀기에만 정신이 팔려 있으니, 궤짝에 담아 내가다가 자칫 떨어지게 되면 불에 타버릴 게 아닌가!

그러느니 아예 내가 불이 얼마나 두렵고 무서운 것인가를 알려주고, 이 집이 벌써 불에 타고 있으니 빨리 나오라고 하는 것이

좋겠다. 그래서 우리 애들로 하여금 불에 타지 않도록 해야겠구나!'

이렇게 생각하고는 마음먹은 대로 아이들에게 자세히 타일렀느니라.

'불이 났으니 너희들은 지체 말고 속히 나오너라!'

그런데 아버지가 불쌍히 여겨서 아무리 잘 타일러 주어도 아이들은 놀기에만 정신이 팔려 있었느니라. 그래서 아버지 말을 믿지도 않을 뿐더러 들은 척도 아니했으며, 놀라거나 겁내지도 않고 끝내 나오려고 하지 않았느니라. 또한 어떤 것이 불이고 어떤 것이 집인지도 모르며 무엇을 잃게 되는지도 알지 못한 채, 동서로 왔다갔다 뛰어놀면서 무심

코 아버지를 쳐다만 볼 따름이었느니라.

그때 장자가 생각하되,

'이 집은 벌써 불에 훨훨 타고 있으니, 나와 아이들이 바로 이 시각에 나가지 않으면 반드시 불에 타버릴 것이다. 내가 이제 무슨 방편을 써서라도, 모든 아이들로 하여금 이런 피해를 입지 않도록 해야겠구나!'

아버지는 아이들이 이전부터 서로 가지고 싶어했던 여러 가지 기이한 장난감들이라면 반드시 좋아할 것이라고 생각하여 말하였느니라.

'너희들이 지난번 갖고 싶어했던 장난감은 매우 귀해서 쉽게 구할 수 없는 것이니라. 만일 너희가 지금 바로 나와서 갖지 않는다면 나중에 반드시 후회하게 되리라. 이와 같은 여러 가지 수레들, 곧 양이 끄는 수레·사슴이 끄는 수레·소가 끄는 수레들이 지금 대문 밖에 있으니, 맘대로 가지고 장난하며 즐겁게 놀아라.

얘들아, 어서 이 불타는 집에서 나오너라! 너희들이 달라는 대로 전부 주리라!'

그때에 아이들은 아버지가 말씀하신 진귀한 장난감들이 마음에 들었기에, 너무 신이 나서 서로 밀치고 다투며 급히 불타는 집에서 뛰쳐나왔느니라.

당시 장자는 아이들이 모두 무사히 빠져나와 네거리 길 한가운데 편안히 앉아 있음을 보고는, 마음이 아주 안심되어 한없이 기뻐하였느니라.

이윽고 여러 아이들은 제각기 아버지께 사뢰기를,

'아버지! 아까 주시겠다고 하셨던 양이 끄는 수레랑 사슴이 끄는 수레랑 소가 끄는 수레를 지금 빨리 주세요!'

사리불아, 그때 장자는 아이들에게 각각 똑같이 큰 수레를 나누어주었느니라. 그 수레는 높고 넓으며 온갖 보배로 장식되었고, 주위에 난간을 둘렀으며 사면에는 풍경을 매달았느니라. 또 그 위에 일산을 펴고 휘장을 쳤는데 역시 진귀한 여러 보배들로 장식되었고, 보배줄을 얽어 늘어뜨리고 꽃과 영락을 드리웠으며, 포근한 자리를 겹겹이 깔고

붉은 비단쿠션을 놓았느니라. 그리고 피부색이 깨끗하고 몸체 좋고 기운 센 흰 소로써 수레를 끌게 하였으니, 걸음은 평탄하고 빠르기는 바람처럼 날쌔었느니라. 또 많은 시중들이 모시고 따라다니며 시위하였느니라.

그런데 이렇게 좋은 수레를 왜 모든 아이들에게 똑같이 나눠주었을까? 왜냐하면 장자에게는 재물이 한량없이 많고 창고마다 가득 차 있어서, 다음과 같이 생각했기 때문이니라.

'나의 재물은 한량없이 많은데 변변치 못한 작은 수레 따위를 아이들에게 줄 것이 뭐 있겠나. 더욱이 이 아이들은 다 나의 자식이거늘 사랑함에 차별이 있어서야 말이 되겠는가!

나에게 이처럼 칠보로 만든 큰 수레들이 굉장히 많으니, 응당 평등한 마음으로 똑같이 나눠주리라. 왜냐하면 이 물건을 가지고 온 나라 사람들에게 나누어준다고 하더라도 모자라지 않을 터인데, 어찌 하물며 내 아이들에게 차별하여 주겠는가!'

당시 아이들은 제각기 큰 수레를 타고는 일찍이 없던 희유함을 느꼈으나, 아이들이 원래 이것까지는 감히 바라지 않았던 것이었느니라. 사리불아, 너는 어떻게 생각하느냐? 그 장자가 모든 아이들에게 약속했던 것보다 훨씬 크고 좋은 보배 수레를 똑같이 나눠줬다고 해서 도리어 거짓말을 했다고

할 수 있겠느냐?"

사리불이 대답하였다.

"아니옵니다, 세존이시여! 그 장자가 다만 아이들로 하여금 화재를 면하게 하여 목숨만 건지게 했더라도 거짓말했다고는 할 수 없습니다. 왜냐하면 목숨만 보전하면 이미 좋은 장난감을 얻은 것이나 다름없기 때문입니다. 하물며 방편으로 저 불타는 집에서 구하여 살려낸 것이 어떻게 거짓말한 것이 되겠습니까? 세존이시여, 만약 그 재벌장자가 한 대의 볼품없는 수레조차 주지 않았다 하더라도 거짓말을 했다고는 할 수 없습니다. 왜냐하면 그 장자는 처음에 다음과 같이 생각했기 때문입니다.

'내가 방편으로써 아이들로 하여금 불타는 집에서 나오게 하리라.'

이러한 인연으로써 장자는 거짓말한 것이 아닙니다. 하물며 장자가 재물이 한량없음을 알고, 모든 아이들을 이롭게 하기 위해 똑같이 큰 수레를 준 것이 어찌 거짓말이 되겠습니까?"

부처님께서 사리불에게 이르시었다.

"그래그래, 네 말이 맞도다!

사리불아, 여래도 또한 그와 마찬가지로 곧 일체 세간의 아버지가 되느니라. 그리하여 모든 두려움과 쇠약함, 번뇌와 근심, 무명과 어둠을 영원히 없애어 아무것도 남아 있는 것이 없느니라. 반면에 한량없는 지혜와

십력과 사무소외를 모두 성취했을 뿐 아니라, 큰 신통력과 지혜력을 소유하고 방편과 지혜바라밀을 구족하였느니라. 그리고 대자대비한 마음으로 늘 게으름 없이, 언제나 착한 일을 추구해서 일체 중생들을 이롭게 하느니라.

그리하여 삼계의 썩고 낡은 화택 가운데에 태어나서 중생들의 생·노·병·사와 근심·슬픔·괴로움·번민과 어리석고 우매한 삼독의 불에서 건져 내려고, 그들을 교화하여 아뇩다라삼먁삼보리를 얻게 하느니라.

모든 중생들을 보아하니 생·노·병·사와 근심·슬픔·괴로움·번민으로 인해 불타고 있느니라. 또한 다섯 가지 욕망과 재물 때문에 여러 가지 고통을 당하고 있느니라. 또 욕망을 탐착하고 끝없이 추구하므로 살아서는 현세에서 온갖 고통을 받으며, 후세에 죽어서는 지옥이나 축생·아귀의 고통을 면치 못하느니라. 혹 천상이나 인간에 태어나더라도 빈궁하고 곤고하며, 사랑하는 사람과 이별하는 고통·미워하는 사람과 만나는 고통 등 이와 같은 여러 가지 고통들을 받게 되는 것이니라.

그래도 중생들은 그 속에 빠져서 재미있게 노느라고, 그런 괴로움을 깨닫지 못하고 알지 못하며 놀라거나 두려워하지도 않고 또한 싫어하지 않느니라. 따라서 해탈을 구하지도 않고 다만 삼계의 불타는 집에서 동서로 정신없이 뛰어다니며, 비록 큰 고통을 겪게 될지라도 걱정조차 하지 않느니라.

사리불아! 부처님은 이를 보고 문득 생각하되,

'나는 중생들의 아버지이니 응당 이 괴로움과 어려움을 뽑아 없애주고, 한량없고 그지없는 부처님 지혜의 즐거움을 주어서 중생들로 하여금 재미있게 놀도록 해야겠다.'

사리불아, 여래는 또 이렇게 생각하였느니라.

'내가 만약 다만 신통력과 지혜의 힘만 가지고 방편을 저버린 채, 모든 중생들을 위하여 여래의 열 가지 지혜의 힘과 네 가지 두려움 없음에 대해서만 찬탄한다면 중생들을 제도하기 어려우리라. 왜냐하면 이 모든 중생들은 생·노·병·사와 근심·슬픔·괴로움·번민을 면치 못해 삼계의 불타는 집에서 곧 불타 죽게 생겼거늘, 무엇을 말미암아 부처님 지혜를 이해할 수 있겠는가!'

사리불아! 아까 장자가 몸에 힘이 있었으나 그것을 쓰지 않고, 은근히 방편을 써서 모든 자식들을 불타는 집에서 건져낸 뒤에 각각 커다란 보배 수레를 주지 않았더냐? 여래도 또한 그와 마찬가지로 비록 지혜의 힘과 두려움 없음을 갖추고는 있지만 그것을 함부로 쓰지 않느니라. 대신에 지혜로운 방편으로써 삼계의 불타는 집에서 중생들을 건져내고자, 성문승·벽지불승·불승의 삼승을 설하여 이렇게 말하느니라.

'너희들은 삼계의 불타는 집에 머물러 있기를 좋아하지 말라. 즉 더럽고 변변치 않은 빛깔·소리·냄새·맛·감촉 따위를 탐내지 말라. 만일 탐내서 애착을 가지게 되면 곧 불에 타 죽게 되느니라.

너희들은 빨리 삼계에서 나오너라! 그러면 마땅히 성문승·벽지불승·불승의 삼승을 얻으리라. 내가 지금 너희들을 위하여 이 일을 책임지고 보증하리니, 결코 거짓이 아니로다. 너희들은 다만 마땅히 부지런히 닦으며 정진하도록 하라!'

여래는 이러한 방편으로써 중생들을 권유하여 더 나아가도록 하고는 다시 말하기를,

'너희들은 마땅히 알지니라. 이 삼승법은 바로 성인께서 다 찬탄하신 것으로, 자유자재하여 속박이 없으며 의지하거나 더 구할 것이 없느니라. 이 삼승법을 닦으면 번뇌 없는 무루의 오근·오력·칠각지·팔정도·사선·사정·팔해탈·삼삼매 등으로써 저절로 즐거워질 뿐만 아니라 한량없이 안온한 쾌락을 얻으리라!'

사리불아! 만약 어떤 중생이 안으로 지혜의 성품을 지니어서 부처님께 법을 듣고는 믿고 수긍하며, 부지런히 정진하여 삼계에서 빨리 벗어나려고 스스로 열반을 구한다면 이를 일러 '성문승'이라 하느니라. 마치 저 여러 아이들이 양의 수레를 가지려고 불난 집에서 뛰쳐나온 것과 같으니라.

만약 어떤 중생이 부처님께 법을 듣고는 믿고 수긍하며 부지런히 정진하여 자연지혜를 구하되, 혼자 고요한 곳에 있기를 좋아하며 모든 법의 인연을 깊이 헤아린다면 이를 일러 '벽지불승'이라 하느니라. 마치 저 여러 아이들이 사슴의 수레를 가지려고 불난 집에서 뛰쳐나온 것과 같으니라.

만약 어떤 중생이 부처님께 법을 듣고는 믿고 수긍하며 부지런히 정진하여 일체지·불지·자연지·무사지 등 여래의 지혜인 십력과 두려움 없음을 구한다고 하자. 그리고 한량없는 중생들을 가엾이 여겨 안락하게 하며, 하늘천신과 사람들을 이롭게 할 뿐 아니라 일체 중생들을 제도하여 해탈케 한다면 이를 일러 '대승'이라 하느니라. 보살이 대승을 구하는 까닭에 '마하살'이라 부르나니, 마치 저 여러 아이들이 소의 수레를 가지려고 불난 집에서 뛰쳐나온 것과 같으니라.

사리불아!

저 장자가 모든 아이들이 불난 집에서 벗어나 걱정 없는 곳에 이르러 무사히 있는 것을 보고, 또 자기 재물이 한량없는 것을 감안해서 아이들에게 똑같이 큰 수레를 주었듯이 여래 역시 일체 중생들의 아버지이니라. 그리하여 만약 한량없는 억천 명의 중생들이 부처님 법문을 통해 삼계의 괴로움, 곧 두렵고 험한 길에서 벗어나 열반의 즐거움을 얻은 걸 보면 여래는 그때 문득 이러한 생각을 하게 되느니라.

'나는 한량없고 그지없는 지혜의 힘과 두려움 없음 등 모든 부처님의 법장을 지니고 있으며, 모든 중생들은 다 나의 자식이니 똑같이 대승을 주리라. 그래서 어떤 누구라도 홀로 소승 열반을 얻게 하지 않고, 모두 여래의 참된 열반을 얻게 하리라!'

이리하여 삼계에서 벗어난 모든 중생들에게 전부 부처님의 선정과 해탈 등의 장난감을 주되, 그 모두가 한 모양이요 한 종류로 성인들이 칭찬하는 것이니 깨끗하고 미묘하며 제일가는 즐거움을 주느니라. 사리불아! 마치 장자가 처음엔 세 가지 수레로써 아이들을 달래어 나오게 해 놓고는, 보물로 장엄된 제일 안락하고 큰 수레만을 똑같이 나눠준 것과 같으니라.

하지만 장자에게 거짓말의 허물이 없는 것처럼 여래도 마찬가지로 거짓말의 허물이 없느니라. 즉 여래는 처음에 삼승을 설하여 중생들을 인도한 다음부터는, 오로지 대승으로써 제도하여 해탈케 하느니라. 왜냐하면 여래는 한량없는 지혜의 힘과 두려움 없음 등 모든 법장들을 갖추고 있어서, 일체 중생들에게 대승법을 줄 수 있으나 다만 중생들이 다 받아들일 수가 없었기 때문이니라.

사리불아! 이러한 인연으로써 모든 부처님들께서는 방편력을 쓰느라고, 일불승을 삼승으로 분별하여 설하신다는 점을 명심해야 하느니라."

부처님께서 거듭 의미를 표현하시고자 게송으로 말씀하셨다.

예를 들어 어떤 장자가
큰 집을 가지고 있었는데,
지은 지 오래되어
낡고 퇴락하였도다.

집채는 높아 위태롭고
기둥뿌리는 썩어 들어가며
대들보는 기우는데다가
축대와 섬돌은 무너져 헐어지고,

벽과 담장은 갈라져서
진흙 바른 것이 허물어 부서지거늘
지붕의 이엉마저 어지럽게 떨어져 내리며
서까래와 처마도 엇갈려 벌어졌도다.

담장은 내려앉은 채
더러운 것들로 가득 찼는데
자그마치 오백 명이나 되는 사람들이
그 속에 살고 있었도다.

소리개·부엉이·독수리·까마귀·까치·비둘
기와
뱀·살무사·전갈·지네·그리마·도마뱀·노래
기와
족제비·살쾡이·생쥐·쥐 등

온갖 나쁜 벌레들이 서로 달음질치며,

똥과 오줌 냄새 뒤섞인 곳엔
더러운 오물이 넘쳐흐르고
말똥구리와 풍뎅이들
온갖 벌레들이 그 위에 우글거렸도다.

여우·이리·승냥이는
서로 씹어 먹고 짓밟으며
죽은 송장을 뜯어먹느라
골육이 낭자하고,

이로 인해 뭇 개들조차 달려와서
잡아 뜯으며 굶주림에 환장하여
곳곳에서 먹을 것을 가지고

다투며 서로 잡아당기고,

으르렁거리며
시끄럽게 짖어대나니
그 집의 두렵고
험악한 형국이 이러하였도다.

곳곳에서 도깨비와 허깨비가 출몰하매
야차와 사악한 귀신들 사람고기를 씹어 먹고
독한 벌레들과 금수들이
제각기 새끼를 몰래 감춰 길러도,

야차가 달려와서 다투어 잡아먹거늘
잡아먹고 배부르면
악한 기운만 치성해져 물어뜯는 소리

참으로 무섭기 짝이 없었도다.

구반다 귀신은 흙더미에 걸터앉아
어떤 때는 땅 위에서
한 자 두 자 솟구쳐 뛰어오르고
오고가고 노닐며 멋대로 장난치다가,

개의 두 다리를 잡아서
찍소리 못하게 땅에 태질하고는
다리를 가지고 목을 졸라대어
개가 벌벌 떠는 걸 보고 혼자 좋아하며,

또 어떤 귀신들은 몸이 길고 큰데
벌거벗은 형상에다 시커멓고 야위었나니
항상 그 집 가운데 거처하면서

큰소리로 악을 쓰며 먹을 것을 찾아다니고,

또 어떤 귀신들은
목구멍이 바늘처럼 매우 좁으며
또 어떤 귀신들은
머리가 소대가리 같은데,

사람고기를 먹기도 하고
개도 잡아먹으면서
봉두난발로 흉악한 데다
기갈이 몹시 심해 울부짖으며 치달리고,

야차와 아귀들 사나운 새와 짐승들
배가 고파 사방으로 흩어져 창틈으로 엿보거니
이와 같은 갖가지 재난들로

정말이지 두렵기가 한량없었도다.

이 낡고 썩어빠진 집은
어떤 한 개인의 소유였는데
그 사람이 외출한 지
얼마 안 되어,

나중에 집에서 홀연히 불이 나
사면으로 일시에 불꽃이 타오르니
대들보와 서까래 기둥 튀는 소리
벼락치듯 부러져 내리고 담벼락까지 무너져,

모든 귀신들 큰 소리로 울부짖고
독수리 같은 많은 새들과
구반다 무리 귀신들은

창황히 얼이 빠져 도망 나올 줄 모르거늘,

사나운 짐승과 독한 벌레들은
구멍을 찾아 숨으며
비사사 귀신도 그 속에 있다가
복덕이 없어 그만 불에 타죽게 되었는데도,

서로서로 잡아 죽여서
살을 씹고 피를 빨아 마시느라 정신없고
승냥이 무리들은
죽은 지 이미 오래되었거늘,

사나운 큰 짐승들이
달려와서 마구 뜯어먹나니
송장 타는 고약한 연기로

사면이 자욱했도다.

지네·그리마·독사 무리가
뜨거운 불에 데여
구멍에서 기어 나오는 것을
구반다 귀신들이 날름날름 주워 먹고,

또 모든 아귀들은
머리 위에 불이 붙으매
배고프고 뜨거워서
황급하게 미친 듯이 내달리나니,

그 집은 이처럼 아주 무섭고
혹독한 재앙과 화재로
여러 가지 어려움들이

한두 가지가 아니었도다.

이때 집주인이 문 밖에 서 있자
어떤 사람이 말하기를,
'당신 애들이 아까 노느라고 집에 들어갔는데
어리고 철이 없어 아직도 노는 데만 팔려있나
보오!'

장자가 그 말을 듣는 순간 놀라서
불타는 집에 들어가 방편으로 구해내어
불에 타지 않게 하려고
모든 아이들에게 환난에 대해 잘 설명하되,

'악한 귀신과 독한 벌레들
재앙과 화재까지 만연해서

온갖 고통들
차례로 끊이지 않으며,

독사와 살모사
여러 야차들과 구반다 귀신들까지
승냥이·여우·개·독수리·소리개·올빼미랑
또 지네·노래기 같은 여러 벌레들,

몹시도 굶주리고 목이 말라서
두려울 정도로 다급하게 허덕이거늘
이런 고통 난리 속에 큰 불까지 났는데
그냥 있으면 어쩌느냐?'

하지만 모든 애들이 철이 없어서
아버지의 타이름을 듣긴 해도,

오히려 그곳에 더욱 재미를 붙이며
정신없이 계속 놀기만 하였도다.

이때 장자가 생각하기를,
'모든 아이들이
이처럼 철이 없으니
내 더욱 걱정이로다.

이제 이 집에는 즐거울 게 하나도 없거늘
아이들이 노는 데만 정신 팔려
나의 훈계를 전혀 듣지 않으니
장차 잘못하면 불에 타죽게 생겼도다.'

그래서 모든 방편이라도 써야겠다며 이르기를,
'내게 여러 가지 장난감들이 있는데

귀한 보배로 꾸민 양의 수레랑 사슴의 수레,
소의 수레 등 좋은 수레들이 지금 문 밖에
있도다.

그러니 너희들은 어서 나오너라!
내가 너희들을 위하여
이 수레들을 만들었으니
너희들 갖고 싶은 대로 맘껏 가지고 놀아라!'

모든 아이들은
그런 수레가 있다는 말을 듣자마자
즉시 그 집에서 다투듯이 뛰쳐나와
커다란 빈 터에 이르러 모든 고난을 여의었도다.

이윽고 장자가 아이들이 불난 집에서 나와

모두 큰 길거리에 있는 것을 보고는
사자좌에 앉아서
스스로 기뻐하며 말하기를,

'내 이제야 안심되어 즐겁도다.
여러 애들 기르기 정말 어렵나니,
어리석고 철이 없어서
위험한 집 속에 들어가 있었네.

여러 독한 벌레들 투성이고
도깨비도 무서운데 큰불까지 나서
불길이 맹렬하게 사방에서 타오르건만
아이들은 장난에만 넋이 팔려 있었네.

그러나 내 이미 구해내어

재난에서 그들을 벗어나게 했으니,
그러므로 여러분!
내 지금 비로소 안심이 됩니다.'

그때에 모든 아이들
아버지께서 편안히 앉아 계심을 알고
모두 아버지 앞에
나아가 사뢰되,

'아버지, 저희들에게
아까 약속하셨던 대로
세 가지 보배수레를 주세요!
저희들이 나오기만 하면,

마땅히 세 가지 수레를

갖고 싶은 대로 주겠다고 하셨으니
지금이 바로 그것을 주실 때입니다.
어서 빨리 나누어주세요!'

장자는 큰 부자여서
창고의 금 은 유리 자거 마노 등
여러 가지 많은 보배들을 가지고
큰 수레를 만들어 장엄하게 꾸몄으니,

주위에는 난간을 둘렀고
네 귀퉁이마다 풍경을 매달았으며
황금줄을 엮어 늘어뜨리고
진주로 엮은 차일을 그 위에 펼쳤으되,

금으로 된 꽃과 영락들 곳곳에 드리웠으며

각종 비단 두르고 부드러운 비단보료 깐 다음
제일 부드럽고 미묘하여 값이 천만억이나
되는
희고 깨끗한 모직물 방석을 그 위에 올려놓았
도다.

살찌고 기운 세며 몸집 좋은
커다란 흰 소가 보배수레를 끄는데
많은 시종들이 모시고 호위하나니
이렇게 좋은 수레를 아이들에게 똑같이 나눠
주었도다.

이때 여러 아이들
좋아라 뛸 듯이 기뻐하며
보배수레를 타고 사방으로 달리면서

희희낙락 웃음소리 자유자재 걸림 없었도다.

사리불에게 이르노니,
나도 또한 마찬가지로
모든 성인 가운데 가장 높은
세간의 아버지이니라.

일체 중생들은
모두 나의 아이들인데
세상의 욕락에 너무 집착하다 보니
지혜로운 마음이 없어졌도다.

삼계 어디든 안전한 곳이 없나니
마치 불난 집에
온갖 고통들이 가득 차서

숨 막히게 두렵고 무서운 것처럼,

항상 생로병사의 근심 같은
이러한 불길이 맹렬히 타고 있지만
여래는 이미 삼계의 불타는 집에서 벗어나
한가롭게 숲에서 고요히 쉬고 있도다.

지금 이 삼계는 모두 나의 영역이며
그 속의 중생들은 모두 내 아이들이거늘
유감스럽게도 지금 이곳은 환난으로 가득하여
오직 나 한 사람만이 능히 구호할 수 있도다.

하지만 내가 아무리 타이르고 가르치더라도
중생들이 믿고 받아들이지 못하는 것은
다섯 가지 욕망의 즐거움에 물들어서

탐내고 집착하는 정도가 너무 심하기 때문이로다.

좋은 방편으로써 삼승을 설하여
모든 중생들로 하여금
삼계윤회의 고통을 알게 하고는
세간에서 벗어나는 길을 열어 보여 연설하나니,

만일 모든 중생들이
마음을 결정하여 물러서지 않는다면
삼명과 육신통을 구족하여
연각승이나 불퇴전보살이 될 수 있도다.

자, 사리불아!
내가 중생들을 위하여

이러한 비유를 들어서
일불승에 대해 말하였거늘,

너희들이 능히
이 말을 믿고 수긍한다면
너희들 일체 중생 모두
반드시 불도를 이루리라.

이 일승법은 미묘하고
청정하기가 제일 으뜸이라
모든 세간에서
이보다 더 좋은 것이 없으며,

부처님께서 기뻐하시는 바이니
일체 모든 중생들이

마땅히 찬탄하고 공양하며
예배해야 하느니라.

한량없는 억천 가지의 모든 힘과
해탈과 선정과 지혜
그 밖의 여러 부처님 법 있지만
이와 같은 일불승을 얻어야만,

모든 중생 아이들로 하여금
오랜 세월 밤낮으로 항상 신나게 놀도록 하며
여러 보살·성문대중들과 같이
보배수레를 타고 깨달음의 도량에 이르게
하느니라.

이러한 인연으로써

시방세계 아무리 찾아 구해 보더라도
이승 삼승은 안 되고 오직 일불승만 가능하되
부처님께서 방편으로 쓰신 것만큼은 예외니라.

사리불에게 이르노니,
너희들 모든 사람들은
모두 다 나의 아이들이며
나는 곧 너희들의 아버지니라.

너희들이 오랜 겁 동안
온갖 고통의 불길에 타고 있거늘
내가 모두 건져내어
삼계에서 벗어나게 하리라.

너희들이 열반을 얻었다고 내 지난 번 말하긴

했지만
그것은 다만 생사를 다했을 뿐이요
모든 번뇌 다하여 진실로 열반한 것은 아니니,
지금 응당 할 일은 부처님의 지혜를 구하는
것이니라.

만일 어떤 보살이
이 대중 가운데 있다면
능히 일심으로
모든 부처님의 진실한 법을 들을지니,

여러 부처님 세존께서
비록 방편을 쓰시지만
교화 받는 중생들은
모두 다 보살이니라.

어떤 사람 지혜가 부족하여
애욕에 깊이 빠져 집착한다면
이들을 위하여
괴로움에 관한 진리를 말해주되,

그러면 중생이 마음으로 환희하며
일찍이 없던 희유함을 느끼나니
부처님이 가르치신 고제는
진실하여 틀림이 없느니라.

만일 어떤 중생이 고통의 근본을 알지 못하고
괴로움의 원인인 애욕에 깊이 집착하여
잠시도 능히 버리지 못하거든
이들을 위해 방편으로 도제를 말해주느니라.

모든 괴로움의 원인은 탐욕이 근본이므로
탐욕을 없앤다면 괴로움도 의지할 데가 없거니
모든 고통을 다 소멸한 상태가
세 번째 진리, 곧 멸제이니라.

고통이 다 없어진 멸제를 위하여
도제를 닦고 실천하다 보면
모든 괴로움의 속박에서 벗어나
해탈을 얻게 되느니라.

이 수행자가 어디에서 해탈을 얻는가?
단지 허망함을 여읜 것만으로도
해탈이라고 말할 수 있으나
실제로 모든 해탈을 얻은 것은 아니니라.

그리하여 부처님은 그에게
참된 열반을 얻은 것이 아니라고 말하거늘
아직 위없이 높은 진리를 얻지 못했기 때문이니
내 본뜻은 그런 열반 얻게 하려던 것이 아니었느니라.

나는 법왕으로
법에 자유자재하여
중생을 편안하고 안락하게 하려고
일부러 세상에 출현하였도다.

자, 사리불아!
나의 이 법인은
세간을 이익케 하려고 설하는 것이니,
이곳저곳 아무데서나 함부로 선전하지 말라.

만일 어떤 사람이 듣고 나서
따라 기뻐하며 받들어 지닌다면
마땅히 명심할지니
그 사람은 아비발치, 곧 불퇴전보살이니라.

만일 어떤 누군가
이 법화경의 가르침을 믿고 받아들인다면
그 사람은 이미 일찍이 과거에 부처님을 뵙고서
공경히 공양했으며 또한 이 법문을 들었던
자이니라.

만일 어떤 사람이
너희가 말하는 내용을 믿는다면
그는 곧 나를 친견하는 것이 되고
너와 비구승, 아울러 모든 보살들까지 친견

한 셈이니라.

이 법화경은
지혜가 깊은 자를 위하여 설한 것으로
식견이 얕은 자가 들으면 미혹해서 알지 못하나니
일체 성문과 벽지불도 이 경을 이해하기엔
역부족이니라.

사리불아,
지혜가 제일이라는 너조차도
이 경에는 믿음으로써만 들어갈 수 있거늘
하물며 다른 성문들이야 더 말할 것이 있겠느냐!

다른 나머지 성문들도

부처님 말씀을 믿기 때문에
이 경에 수순하는 것이요
자신의 지혜분상에서 따르는 것은 아니니라.

또 사리불아,
교만하고 게으르며
나라는 소견 내세우는 사람에게는
이 경을 설하지 말지어다.

범부는 식견이 얕아서
오욕에 깊이 탐착하므로
들어도 이해할 수 없나니
역시 그에게도 설하지 말라.

만일 어떤 이가 믿지 않고

이 경을 헐뜯고 비방한다면
곧 일체 세간의
불종자를 끊는 것이 되거늘,

얼굴을 찡그려 빈축거리면서
경전 말씀에 의심을 품으면 어찌 되는지
너는 마땅히
그 사람의 죄보에 대해 들어보아라.

부처님이 세상에 계시거나 열반하신 뒤에
이와 같은 경전을 비방하거나
수지독송하는 이를 깔보고 미워하며 앙심을
품는다면
그 사람의 죄보를 네가 이제 다시 들어보아라.

그 사람은 목숨이 다하면
아비지옥에 들어가서 일 겁을 채우고
겁이 다하면 다시 태어나며
이와 같이 전전하여 무수한 세월을 보낼 것이며,

지옥에서 나오면 축생으로 떨어지되
개나 승냥이가 되어 모양이 수척한 데다
새까맣고 비루먹어 가는 데마다 발에 채이며
또 사람에게 미움 받고 천대 받으리라.

항상 굶주려서 뼈와 가죽이 맞닿아 붙고
살아서는 매만 실컷 맞다가
죽어서는 돌무덤에 묻히리니
불종자를 끊었기 때문에 이런 죄보를 받느니라.

혹은 낙타도 되고 당나귀도 되어
무거운 짐 몸에 싣고 채찍을 맞으면서도
오직 여물 생각만 날 뿐 다른 것은 모르나니
이 경을 비방했기 때문에 이런 죄보 받느니라.

만일 승냥이가 되어 동리에 들어가면
온몸은 헐고 부스럼병에다 한 쪽 눈마저 멀어서
개구쟁이 아이들의 발에 채이고 돌에 맞으며
갖은 고통받다가 비참하게 죽느니라.

여기서 죽은 후엔 다시 구렁이몸을 받는데
그 몸뚱이 길고 커서 오백 유순이나 되며
귀먹고 어리석은 데다 발이 없어서
꿈틀꿈틀 배로만 기어다니다가,

작은 벌레들에게 할퀴고 빨아 먹혀
밤낮으로 받는 고통 쉴 새가 없으리니
이 경을 비방했기 때문에
이런 죄보 받느니라.

만일 사람으로 태어나더라도
모든 감각기관이 둔하고 어두워서
난쟁이·곰배팔이·절름발이
장님·귀머거리·꼽추가 되며,

무슨 말을 하더라도
사람들이 믿지 않는 데다가
입에서는 항상 나쁜 냄새가 나고
귀신들이 따라 붙어 다닐 뿐만 아니라,

빈궁하고 하천해서
남의 종이나 심부름꾼이 되거늘
병이 많고 수척하더라도
어디 의지할 데가 아무 데도 없고,

비록 남에게 가까이 가려 할지라도
사람들이 몰라라 하며
혹 무엇을 얻게 되더라도
곧 잃어버리고,

만일 의술을 배워서
처방대로 치료하더라도
다른 병이 더하거나
실수로 죽게까지 되며,

자신이 병들었을 적엔
치료해 줄 사람조차 없으며
설사 좋은 약을 쓰더라도
병만 더욱 악화시킬 뿐더러,

혹 다른 이의 역모나 강도
절도죄 그런 죄목 따위에
뜻하지 않게 걸려들어
형벌을 받게 되느니라.

이와 같은 죄인은
오랫동안 부처님을 뵙지 못하며
뭇 성인 중의 왕이신 부처님께서
법을 설하여 교화하실지라도,

이와 같은 죄인은
항상 팔난처에 태어나서
귀먹고 미치거나 마음이 어지러워
오랫동안 법을 듣지 못하리라.

항하의 모래알처럼
한량없는 무수한 세월 동안
날 적마다 귀먹고 벙어리 되어
육근이 제대로 갖춰지지 못함은 물론,

걸핏하면 지옥에 떨어지기를
동산에서 산책하는 것처럼 일삼아 하고
나머지 다른 악도에 있기를
자기 집 안방처럼 드나들며,

낙타·나귀·돼지·개들이
그가 몸 받아 태어나는 곳이니
이 법화경을 비방했기 때문에
이런 죄보 받느니라.

만약 사람으로 태어나더라도
귀먹거나 눈멀고
벙어리에 가난뱅이 등
온갖 좋지 않은 것들로 치장하며,

수종다리 혹은 조갈 증세
옴·문둥병·등창·종기와 같이
이런 갖가지 병으로 의복을 삼아서
몸에선 항상 냄새나고 깨끗하지 못한 데다가,

깊이 아견에 집착하여 걸핏하면 성내고
음욕이 치성해서 금수도 가리지 않나니
이 법화경을 비방했기 때문에
이런 죄보 받느니라.

사리불에게 이르되
법화경 비방한 사람의
그 죄보를 말하자면
겁이 다하여도 끝나지 않거늘,

이러한 인연으로써
내가 굳이 너에게 말하건대,
지혜 없는 사람에게
이 경을 설하지 말지어다.

그런데 만약 총명하고 지혜 밝으며
많이 듣고 잘 기억하는 데다가
불도를 구하는 자가 있거든
그러한 사람에게 이 경을 설해주며,

어떤 사람 일찍이 백천억 부처님들 뵙고
많은 선근을 심어서
마음이 깊고 견고하거든
그러한 사람에게 이 경을 설해주고,

어떤 사람 정진하여
늘 자비심을 닦되
목숨마저 아끼지 않거든
이에 가히 이 경을 설해주며,

어떤 사람 공손하고 공경스럽되
다른 마음 없이
어리석은 범부를 떠나 홀로 숲 속에 머물거든
그러한 사람에게 이 경을 설해주어라.

또 사리불아,
어떤 사람 악지식을 떠나
착한 벗에 친근하는 것을 보거든
그러한 사람에게 이 경을 설해주며,

어떤 불자 계행 지키기를
맑고 밝은 구슬처럼 깨끗이 지키면서
대승경전 구하는 것을 보거든
그러한 사람에게 이 경을 설해주고,

만일 성내지 않고 정직하고 부드러우며
항상 일체 중생들을 불쌍히 여기는 것은 물론이고
모든 부처님들을 공경하거든
그러한 사람에게 이 경을 설해주며,

또 어떤 불자 대중 속에서 깨끗한 마음으로
여러 가지 인연과 비유와 온갖 말로써
걸림 없이 설법을 잘 하거든
그러한 사람에게 이 경을 설해주고,

만일 어떤 비구 일체지를 위하여
사방으로 법을 구해 합장하고 정대하여 받아지니되
대승경전만 수지하고 다른 경은 한 게송도

받지 않거든
그러한 사람에게 이 경을 설해주며,

어떤 사람 지극한 마음으로 부처님 사리 구하듯
대승경전 구하되 얻은 뒤에는 정대하여 받아
지니고
그 밖의 다른 경전은 구하지 않으며
더욱이 외도 서적 따위는 애초에 생각조차
없거든
그러한 사람에게 이 경을 설해주어라.

사리불에게 이르노니,
내가 이런 식으로
불도 구하는 사람에 대해 말하기로 한다면
겁이 다하여도 끝나지 않으리라.

이와 같은 사람들이

가르침을 잘 믿고 이해할 수 있으니

너는 마땅히 그들을 위하여

묘법연화경을 설해주어라.

제4 신해품

그때 혜명 수보리와 마하가전연과 마하가섭과 마하목건련이 부처님으로부터 일찍이 듣지 못했던 법문을 듣고, 또 세존께서 사리불에게 아뇩다라삼먁삼보리의 수기 주시는 것을 보더니 매우 희유하다고 생각하며 뛸 듯이 좋아하였다. 곧 자리에서 일어나 옷을 정돈하여 오른쪽 어깨를 드러내고 오른쪽 무릎을 땅에 꿇은 채, 일심으로 합장하고 허리를 굽혀 공손히 부처님의 존안을 우러러보며 사뢰었다.

“저희들은 승가의 상수로서 나이도 많고 스스로 이미 열반을 얻었으니 더 이상 할 일이 없다고 생각해서, 더 정진하여 아뇩다라삼먁삼보리를 구하려고 아예 생각조차 하지 않았나이다.

세존께서는 이미 오래 전부터 설법하셨으며 당시 저희들은 늘 법문 듣는 자리에 있었으나, 몸이 피곤하고 게을러서 다만 공과 무상과 무작만 생각하였습니다. 그래서 보살이 닦아야 할 법과 자유롭게 신통 부리며 부처님의 국토를 깨끗이 하고, 중생을 성취시키는 일에 대해서는 마음으로부터 시큰둥

해 있었습니다. 왜냐하면 세존께서는 저희들로 하여금 삼계에서 벗어나 열반을 얻게 하셨고, 또 저희들도 이제 나이가 들게 되자 부처님께서 보살을 교화하시는 아뇩다라삼먁삼보리에 대해서 한 번도 괜찮다고 부러워하지 않았던 탓입니다.

그런데 지금 저희들은 부처님 앞에서 성문에게도 아뇩다라삼먁삼보리의 수기를 주시는 것에 대해 듣고 나니까, 마음이 너무 환희하여 일찍이 없던 희유함마저 느끼게 되었습니다. 지금 홀연히 희유한 법에 대해 듣고 나자, 스스로 생각해도 정말 다행스러울 정도로 너무 크고 좋은 이익을 얻게 되었나이다. 즉 한량없이 진귀한 보배들을 일부러 구하지 않았는데도 저절로 얻은 셈이옵니다.

세존이시여, 저희들이 이제 알기 쉽게 비유를 들어서 이 뜻을 밝히겠습니다.

예를 들어 어떤 사람이 나이 어릴 적에 아버지와 헤어지게 되어, 다른 나라에서 십 년·이십 년 아니 오십 년이나 오랫동안 떠나 살게 되었습니다. 나이는 많은 데다 곤궁하여 사방으로 비럭질하며 의식을 구하였는데, 우연히 본국으로 차츰 향하게 되었답니다.

그 아버지는 이전부터 아들을 찾아다니다가 아직 찾지 못하고 어느 성에서 잠시 머물고 있었습니다. 그 집은 아주 부자여서 재물이 한량없이 많으니, 금·은·유리·산호·호

박·파려·진주 등 온갖 보배들이 창고마다 가득 찼습니다. 하인과 청지기와 신하·보좌관·관리인·일반인들도 아주 많이 있었고, 코끼리·말·수레·소·양들도 헤아릴 수 없이 많았습니다. 게다가 전곡을 빌려주고 받는 이익금으로 타국과 무역을 하였으니, 장사하는 상인과 손님들도 역시 많아서 매우 북적거렸습니다.

그때에 빈궁한 아들은 여러 마을을 비럭질로 떠돌며 나라와 몇몇 고을을 지나다가 마침내 아버지가 살고 계시는 성에까지 이르게 되었습니다. 아버지는 늘 아들을 생각하였습니다. 헤어진 지 벌써 오십여 년이나 되었거늘, 하지만 여태까지 어느 누구에게도 그 사실

을 말한 적이 없었습니다. 그냥 혼자서만 생각하고 마음으로 한탄하면서 또 생각하되,

'나이는 자꾸 늙어만 가는데 재물은 산더미처럼 불어나는구나. 아무리 금과 은 등 각종 진귀한 보배들이 창고마다 가득하더라도, 자식이 하나도 없으니 내가 하루아침에 죽고 나면 재물도 산산이 흩어져 버릴 것이 아닌가!'

이렇게 재산을 물려줄 사람이 없어서 은근히 매양 그 자식만을 기다리며 또 생각하기를,

'내가 만약 자식을 만나서 재물을 전해줄 수 있다면, 마음이 홀가분하고 즐거워서 아무런 근심걱정이 없으련만…….'

세존이시여, 그때 빈궁한 아들은 품팔이

로 전전하다가 아버지가 사는 집에 우연히 이르게 되었습니다. 대문 옆에 서서 멀리 그 아버지를 바라보자니, 사자상에 걸터앉아 보배궤에 발을 올려놓고 있었습니다. 그리고 많은 바라문과 찰리와 거사들이 공경히 둘러서서 모시고 있었습니다. 아버지는 값이 천만 냥이나 됨직한 진주영락으로 몸을 치장하였고, 관리인과 일반인 그리고 하인과 시종들이 손에 흰 불자를 들고 좌우에 서 있었습니다. 게다가 보배휘장을 치고 온갖 꽃번을 드리웠으며, 향수를 땅에 뿌리고 여러 가지 이름난 꽃잎을 흩뿌렸습니다. 더욱이 각종 보물들을 벌려놓은 채 내어주고 받았나니, 이처럼 여러 가지로 장엄하매 위엽과 덕이 한층 높아 보였습니다.

빈궁한 아들은 아버지의 커다란 세력을 확인하자, 곧 두려운 마음을 품고 여기까지 온 것을 후회하며 속으로 가만히 생각하였습니다.

'저 분은 왕이거나 왕족일 것이야.

내가 품을 팔아 삯을 받을 만한 곳이 아니로구나. 그러니 차라리 가난한 동네로 가서 일할 땅이 있으면, 내 힘껏 일하고 벌어서 의식을 얻는 편이 낫겠다. 자칫 여기서 오래 어물거리고 있다가는 강제로 붙들려 일을 하게 될지도 모르지?'

이렇게 생각하고는 급히 그곳을 떠났습니다.

당시 부유한 장자는 사자좌에서 자기 아들

이 온 것을 이내 알아채고, 마음으로 크게 기뻐하며 이렇게 생각하였습니다.

'나의 창고에 가득 찬 재물들을 물려받을 사람이 이제 제 발로 왔구나. 아무리 생각해도 만날 수가 없더니만, 홀연히 제 발로 직접 찾아왔으니 이것이야말로 내가 바라던 바가 아닌가. 내 비록 나이 많아 늙었으나, 이런 까닭에 여태까지 재물을 소중히 아껴두었도다.'

이윽고 곁에 있던 사람을 보내어 빨리 가서 아들을 데려오도록 하였습니다. 장자의 심부름꾼이 급히 가서 그를 붙잡으니, 비렁뱅이 아들은 놀라 원망하며 크게 부르짖었습니다.

'나는 아무 잘못한 것도 없는데, 어찌하여 붙잡아 가느냐?'

그러자 심부름꾼은 더욱 단단히 붙잡고 강제로 끌고서라도 데려가려고 하였습니다. 빈궁한 아들이 생각하기를,

'죄도 없는데 붙들려 가게 되었으니, 반드시 죽고 말겠구나!'

이런 생각이 들자 더욱 겁이 나서 정신을 잃고 땅에 쓰러져 버렸습니다.

장자인 아버지가 멀리서 그 광경을 보고는 심부름꾼에게 말하되,

'그 사람을 쓰지 않을 터이니 강제로 데려오지 말고, 냉수를 얼굴에 뿌려서 빨리 깨어나게 하여라. 그리고 다시는 그와 말도 하지

마라!’

왜냐하면 아버지는 아들의 마음이 용렬해졌음을 알았으며, 자신의 호사함과 고귀함이 아들에게는 받아들이기 어려운 점이 될 수도 있다는 사실을 이해했기 때문입니다. 그래서 자기 아들인 줄을 알면서도 일부러 어떤 사람에게도 그가 자기 아들이라고 말하지 않은 채, 심부름꾼에게 다음과 같이 말하도록 시켰습니다.

‘내가 너를 놓아줄 터이니, 네 맘대로 가거라!’

빈궁한 아들은 너무 좋아서 일찍이 없던 희유함을 느끼며, 땅에서 벌떡 일어나 가난한 마을로 가서 밥벌이를 하였습니다.

그때 장자는 아들을 유인하여 데려오고자 방편을 베풀어, 모양이 초라하고 보잘것없는 두 사람을 은밀히 보내며 이렇게 일렀습니다.

'너희들은 저곳에 가서 저 사람에게 넌지시 말하기를, 「저기 품을 팔 곳이 있는데 삯을 두 배로 준다」고 말하거라. 그래서 저 사람이 허락하거든 데리고 오되, 「무슨 일을 할 것이냐」고 묻거든 똥거름을 치는 일이라고 답하여라. 그리고 「우리도 너와 함께 그곳에서 품을 팔 것이다」라고 하여라.'

곧 두 사람이 빈궁한 아들을 찾아가서 주인이 시킨 대로 말을 하자, 그때 빈궁한 아들은 품삯을 먼저 받기로 하고 똥거름을 치우게 되었습니다.

아버지는 아들을 보니 한없이 불쌍하고 안타까웠습니다. 어느 날 창 틈으로 멀리 아들을 보건대, 야위고 초췌하며 먼지투성이고 더럽기 짝이 없는 데다 말할 수 없이 지저분했습니다.

장자는 곧 목걸이와 부드러운 의복과 장신구 따위를 벗어던지고, 때 묻고 허름한 옷으로 갈아입었습니다. 흙과 먼지를 몸에 묻힌 채 오른손에는 똥거름치는 그릇을 잡고, 조심스럽게 일꾼들 있는 곳으로 가서 여러 사람들에게 말하였습니다.

'너희들은 부지런히 일하고, 게으름을 피우지 마라!'

이런 방편으로 그 아들에게까지 다가가서 또 이르기를,

'여보게, 이 사람아! 자네는 여기서만 일하고 다른 곳에는 아예 가지 말도록 하게. 그러면 품삯도 더 올려줄 것이며, 온갖 필요한 그릇이랑 곡식·소금, 그리고 장 같은 일용품 따위도 걱정하지 않도록 대주겠네. 또한 늙은 일꾼도 있으므로 쓸 일이 있다면 언제든 붙여줄 터이니, 편안히 안심하고 일하며 잘 지내도록 하게나.

나는 자네 아버지와 같으니 다시는 염려하지 말게. 나는 늙었지만 자네는 젊지 않은가! 그리고 자네가 항상 일을 할 때에 속이고 성내거나 원망하는 등 일체 불평이 없어서,

다른 일꾼들과는 좀 다르더구만. 따라서 이제부터는 내 친자식처럼 여기겠네.'

이리하여 장자는 빈궁한 아들에게 이름을 다시 지어주며 '우리 아이'라고 애칭으로 불렀습니다.

그때 빈궁한 아들은 비록 이렇게 대우받는 것이 기쁘기는 했지만, 그래도 자기 생각에는 객지에서 온 천한 사람이거니 하여 이십 년 동안이나 똥거름만 치고 살았습니다. 이렇게 지내는 동안 마음으로 서로 알고 믿게 되어 출입이 무난해졌는데도, 그가 머무는 곳은 여전히 본래 있던 누추한 데를 벗어나지 못했습니다.

세존이시여!

그때 장자가 병이 들어 스스로 죽을 날이 멀지 않았음을 알고, 빈궁한 아들에게 말하였습니다.

'지금 나에게는 금과 은 진귀한 보배들이 창고마다 아주 잔뜩 있도다. 그 가운데 어떤 게 많고 적은가, 또 무엇을 내어주고 받아야 하는가 따위를 이제 네가 다 알아서 하여라.

내 마음이 이러하니 내 뜻을 잘 받들어 처리하도록 하여라. 왜냐하면 이제 너와 나는 거의 똑같기 때문이니, 더욱 조심해서 소홀히 하거나 실수하지 말지어다.'

그때 빈궁한 아들은 곧 분부를 받들어 여러 재산과 금·은의 진귀한 보배들이 들어있는 모든 창고들을 맡아서 처리하였습니다.

그렇지만 단 한 푼도 그냥 가지려는 뜻이 없었고, 머무는 곳도 여전히 본래 있던 곳이었으며 하열한 마음 역시 극복하지 못하였습니다.

다시 얼마가 지난 후에 아버지는 아들의 마음이 점점 커져서 큰 뜻을 지니게 되었고, 지난날 소심하게 생각했던 것을 후회하고 있는 것을 알아차리게 되었습니다. 목숨을 마칠 때가 다가오자 장자는 아들에게 분부하여, 친족들과 국왕·대신·찰리·거사들을 모두 다 모이게 해놓고 직접 선언하였습니다.

'여러분!

사실 이 아이는 나의 친아들입니다. 내 진짜 혈육이건만, 어떤 성에서 헤어져 자그

마치 오십여 년 동안이나 홀로 헤매 다니며 갖은 고생을 겪었답니다. 이 아이의 본래 이름은 아무개이고 나의 이름은 아무개입니다. 그 옛날 잃어버린 성에서 혼비백산하여 찾느라고 무척 애를 썼으나 끝내 만나지 못하다가, 뜻밖에 이곳에서 만나게 되었습니다.

이 아이는 나의 아들이고, 나는 진짜 이 아이의 아버지입니다. 이제 내가 소유한 재물들은 전부 다 아들의 소유이며, 예전부터 내어주고 받아들이던 출납관계의 온갖 일들도 앞으로 이 아들이 다 알아서 할 것입니다.'

세존이시여!

이때 빈궁한 아들은 아버지의 그 말을 듣고 너무나 좋아서 일찍이 없던 희유함을 느끼며

혼자 생각하기를,

'나는 본래 재물에 대해 조금도 바라는 마음이 없었는데, 지금 이 엄청난 보배창고가 저절로 굴러왔도다!'

세존이시여!

큰 부자인 장자는 곧 여래이시고 저희들은 다 부처님의 아들과 같나니, 여래께서는 항상 말씀하시기를 저희들을 '아들'이라 부르셨습니다.

세존이시여!

저희들은 세 가지 고통 때문에 나고 죽음의 윤회 가운데 갖은 번민에 시달리며, 미혹하고 무지하여 소승법에만 빠져 집착하였나이다.

오늘날 세존께서 저희들로 하여금 모든

법의 희론을 똥거름으로 생각하고 치워버리게 하시니, 저희들은 가르침 가운데 부지런히 정진하여 열반의 하루 품삯을 얻는 단계에 오르게 되었나이다. 그런데 겨우 그것을 얻고서 마음으로 크게 환희하여 스스로 만족하게 여기며, '불법 가운데 부지런히 정진해서 얻은 소득이 아주 많다'라고 여기곤 했나이다.

그러나 세존께서는 저희들 마음이 부질없는 욕망에 집착되어 소승법만 좋아하는 것을 미리 아시고는 그냥 내버려 두셨습니다. 그래서 '너희에게도 마땅히 여래의 지혜에 해당하는 보배광의 몫이 있도다'라고 분별해 주시지 않으셨나이다.

세존께서 방편력으로써 여래의 지혜를 설하셨건만, 저희들은 부처님으로부터 하루 품삯에 지나지 않는 열반만을 얻고도 크게 얻었다고 생각해서 대승을 구할 마음을 전혀 내지 않았나이다.

게다가 또 저희들은 여래의 지혜 덕택에 모든 보살들에게 대승을 열어 보이고 연설한 적이 있긴 있었지만, 정작 스스로는 조금도 마음으로 대승을 원하지 않았었나이다. 왜냐하면 부처님께서는 저희들이 마음으로 소승법만 좋아하는 것을 아시고 방편력으로써 저희들 근기에 맞게 말씀하셨건만, 저희들이 참으로 부처님 아들인 줄을 미처 깨닫지 못했기 때문입니다.

이제야 바야흐로 세존께서는 부처님 지혜에 대해서 조금도 아낌이 없었다는 것을 똑똑히 알겠나이다. 왜냐하면 저희들은 예로부터 참으로 부처님의 아들이면서도 소승법만 좋아했던 탓이니, 대승법을 좋아하는 마음이 애초에 있었더라면 부처님께서는 저희들을 위해 대승법을 설하셨을 것입니다. 사실이 경에서도 오직 대승의 일승법만을 거론하시고 있지 않습니까! 그리고 옛날 보살들 앞에서 성문들이 소승법만 좋아한다고 걱정하기도 하셨으니, 참으로 부처님께서는 대승으로써 교화하셨던 것입니다. 그러므로 저희들이 말하기를,

'원래는 바라는 마음이 아예 없었는데, 지

금 법왕의 큰 보배가 저절로 굴러 왔도다. 그러니 이제 부처님의 아들로서 얻어야 할 것을 모두 다 얻었도다.'

한 것입니다."

그때 마하가섭이 거듭 의미를 표현하고자 게송으로 사뢰었다.

저희들은 오늘날
부처님 말씀 듣고
환희심으로 뛸 듯이 좋아서
일찍이 없던 희유함을 느끼나이다.

부처님께서
성문도 성불한다 하시니

최고 값진 보배더미가
구하지 않았는데도 저절로 굴러온 셈입니다.

예컨대 어떤 동자 철이 없을 적에
아버지와 헤어져
멀리 타관 땅으로 돌고 돌아
오십여 년이나 되었거늘,

그 아버지 근심하며
사방으로 찾아다니다 하도 지쳐서
어느 성에 머물러 큰 집 짓고
오욕락 속에 파묻혀 지내게 되었는데,

그 집은 아주 큰 부자여서
여러 금·은·자거·마노

진주·유리와
코끼리·말·소·양들과

연·가마·수레와
논·밭과 하인들
게다가 문객들까지
수없이 많았으며,

주고받는 이자로
널리 타국과 무역하여
상인과 고객들도
어디에나 북적대었고,

천만억 사람들이
둘러서서 공경할 뿐 아니라

임금이나 왕족들마저
늘 그를 귀하게 우대했으며,

여러 신하와 명문 호족들도
다 같이 받들고 존경했으니
이런 인연으로 늘
오고가는 손이 많았나이다.

이처럼 부귀하고 큰 세력 있으나
나이 많아서 늙게 되자
아들 생각만 더욱 간절하여
밤낮으로 생각하기를,

'죽을 때는 자꾸 다가오는데
어리석은 자식은 나와 헤어져

벌써 오십여 년이나 되었으니,
창고 안의 재물들을 어쩌면 좋단 말인가!'

당시 빈궁한 아들은
옷과 밥을 구하느라
이 마을에서 저 마을로
이 나라에서 저 나라로 떠돌며,

얻어먹을 때도 있지만
얻어먹지 못할 때도 많아서
굶주리고 야윈 데다가
몸에는 옴과 버짐까지 생겼으니,

그렇게 이곳저곳 헤매며
아버지 사는 마을에 이르러

품을 팔아 전전이 생활하다가
우연히 아버지 집에 이르게 되었나이다.

때마침 장자는 자기 집안에서
커다란 보배휘장 둘러치고
사자좌에 앉아
권속에 둘러싸여 하인들 시중 받거늘,

어떤 사람은
금과 은, 각종 보물들을 계산하고
재산 출납 등을
문서에 기록하였나이다.

빈궁한 아들은
훌륭하고 존엄한 아버지를 보고

'저 분은 임금이거나
혹은 임금의 일가쯤 되겠구나.'

놀라고 두려워 혼자 생각하되,
'내가 여기를 도대체 뭣 때문에 왔는가?
만일 오래 있다가 붙들리게 되면
강제로 일을 시킬지도 모르리라.'

이렇게 생각하고
정신없이 달아나
가난한 동리를 찾아
품팔이를 하고자 하였나이다.

장자는 이때 사자좌에 앉아
멀리서 그 아들을 바라보고는

묵묵히 아들임을 직감하고서
곧 하인을 보내어 데려오게 시켰나이다.

그러자 빈궁한 아들은 놀라 소리치고
기절하여 땅에 넘어지며 생각하기를,
'모르는 사람이 날 잡아가니 반드시 죽이리라.
그깟 의식을 얻으려고 뭐 하러 예까지 왔는고?'

장자는 아들이
우치하고 용렬해서
자기 말을 믿지 않을 뿐더러
아버지란 사실도 믿지 않을 것을 알고는,

곧 방편으로써
다시 다른 사람을 보내었으니
애꾸눈에 키 작고 누추하기 짝이 없는
아주 볼품없는 자를 시켜 말하기를,

'네가 가서 저기 품팔 데가 있으니
함께 가자 하거라.
똥거름이나 치워주면
딴 데보다 곱을 준다고 말하여라.'

빈궁한 아들이 그 말을 듣더니
좋다고 따라와서
똥거름을 치우며
집안 청소 깨끗이 하였나이다.

장자가 창 틈으로
항상 그 아들을 내다보건대
아들이 용렬해서
천한 일 좋아하는 것을 염두에 두고,

이에 때 묻고 더러운 옷으로 갈아입고서
거름치는 똥통을 직접 손에 든 채
방편으로 아들 처소에 가까이 다가가
부지런히 일하도록 당부하며 말하되,

'이제 너의 품삯도 올려주고
발에 바르는 기름도 줄 것이며
음식도 넉넉하게 주고
자리도 따뜻하게 해주리라.'

다시 간절히 타이르기를,
'너는 마땅히 부지런히 일하도록 해라.'
또 부드럽게 말을 하되,
'너는 마치 나의 자식과 같도다!'

장자가 지혜로워
점차 그로 하여금 출입시키면서
이십 년을 지내도록
집안일을 보살피게 하고,

금·은·진주·파려 등
온갖 보배를 있는 대로 보여주며
주고받는 모든 살림살이도
다 맡아서 처리하게 하였나니,

그렇지만 아들은 여전히
대문 밖 초가집에 거처하면서
스스로를 가난뱅이라 여겼으며
'아무리 좋은 물건이라도 내 것은 하나도 없도다.'

아버지는 차츰 자식의 마음이
점점 커지는 것을 알고 재물을 물려주고자
친족들과 국왕·대신·찰리·거사들을 모아놓고
모든 대중들에게 말하기를,

'이 사람은 나의 친아들입니다.
나와 헤어져 다른 곳에 간 지
자그마치 오십 년이나 지났으며
자식을 만난 지도 벌써 이십 년이 되었습니다.

옛적 어느 성에서
이 녀석을 잃어버렸는데
정신없이 돌아다니며 찾다가
지금 이곳에까지 온 것이니,

나의 모든 소유물과
집이랑 하인 등을
다 그에게 물려주어
쓰고 싶은 대로 마음껏 쓰게 하렵니다.'

'옛날에는 가난하고 뜻도 하열했건만
지금은 아버지 집에서 귀한 보배와
집을 포함한 일체 재물을 죄다 얻었노라.'
아들은 크게 환희하여 일찍이 없던 희유함을
느꼈나이다.

부처님께서도 이와 같으사
저희가 소승을 좋아하는 줄 아시고
일찍이 너희들도
성불할 수 있다고 말씀하지 않으신 채,

단순히 저희들에게
여러 무루법을 얻어
소승법을 성취한
성문제자라고만 말씀하셨나이다.

부처님께서 저희들에게
최상의 진리를 설하라고 분부하셨으며
이 최상의 진리를 닦으면
반드시 성불한다고 하셔서,

저희는 부처님 가르침을 받드느라
대보살들을 위하여
온갖 인연과 여러 가지 비유와 갖가지 말로써
위없이 높은 진리를 설하곤 하였나이다.

많은 불자들이
저희들로부터 법을 듣고
밤낮으로 사색하며
부지런히 가르침을 닦아 익히더니,

당시 모든 부처님들께서
곧 그들에게 수기를 주시되,
'너희들은 앞으로 오는 세상에
마땅히 부처님이 되리라.'

모든 부처님의 비밀스런 법을
보살들만 위해 참된 실상을 연설해주었을 뿐
어리석게도 저희 자신을 위해서는
참되고 요긴한 이치를 설하지 않은 꼴이 되었으니,

마치 저 빈궁한 아들이
아버지를 가까이 모시고
비록 모든 살림살이를 맡긴 했으나
꿈에도 제 것으로 생각하지 않았던 것처럼,

저희들도 불법의
가장 보배 같은 가르침을 남에게 설하기만 하고
직접 내 것으로 삼으려는 원력이 없었으니

저 빈궁한 아들과 진배없었나이다.

저희들은 안으로 번뇌 끊은 것만을
스스로 흐뭇하게 여겨서
오직 그 정도만 최고로 알고
다시 다른 일은 아예 생각지도 못했기에,

저희들은
부처님 세계를 깨끗이 해야 하고
중생을 교화해야 한다는 말씀 듣고서도
도무지 기쁘게 여기지 않았나이다.

왜냐하면 일체 법은 공적하여
생기거나 사라지는 것도 없고 크고 작은 것도
없으며

번뇌도 없고 함도 없나니
이렇게 생각하자 별로 기꺼운 마음이 들지
않았나이다.

저희들은 오랜 세월 부처님 지혜에 대해
사무치게 탐내거나 집착하지도 않았고
마음으로 더 바라지도 아니한 채
스스로 얻은 법만을 구경이라 생각했나이다.

저희들이 오랜 세월
공한 법을 닦고 익혀
삼계의 고뇌와 근심을 벗어나
최후신의 유여열반 경지에 머물렀으매,

부처님의 교화를 입고

헛되지 않게 진리를 얻은 것이니,
곧 이미 진리를 깨달았으므로
부처님 은혜에 보답한 것이라 여겼던 것입니다.

저희들은 많은 불자들에게
보살법에 대해 말해주어
불도를 구하도록 했으면서도
정작 그 법을 전혀 원치 않았나이다.

도사께서 그냥 내버려두신 것은
저희의 마음을 관하여 잘 아셨기 때문이니,
그래서 처음부터 실다운 이익이 있다고 말해서
나아가도록 권장하지 아니하셨던 것입니다.

마치 부유한 장자가

아들의 뜻이 하열함을 알고 방편의 힘으로
그 마음을 부드럽게 조복한 다음에야
모든 재물을 물려준 것과 마찬가지로,

부처님께서도 이와 같이 희유한 일을 나투사
저희가 소승법을 좋아하는 것을 아시고
방편의 힘으로 마음을 조복하신 후에야
대승의 지혜를 가르쳐 주셨나이다.

저희들은 오늘에야 일찍이 없던 희유함을
느끼며
애초 바라지도 않았던 걸 지금 저절로 얻게
되었으니,
저 빈궁한 아들이
한량없는 보배를 얻은 경우와 다름없나이다.

세존이시여!
저희는 지금 도를 얻고 과위를 얻어서
무루법에 대해
청정한 안목을 얻었나니,

저희들은 오랜 세월 동안
부처님의 깨끗한 계율을 지킨 끝에
비로소 오늘날
그 과보를 얻게 된 것이며,

법왕의 법 가운데
오래도록 깨끗한 범행을 닦아서
이제야 무루의
위없이 높고 큰 과위를 얻게 되었나이다.

저희들은 지금에서야
참된 성문이니,
불도의 소리로써
일체 중생들로 하여금 듣게 하겠나이다.

저희들은 지금에서야
참된 아라한이니,
모든 세간의 하늘천신과 사람과 마구니와
범천 등
널리 그 가운데에서 응당 공양 받을 만하나이다.

세존의 크신 은혜
드물게 희유한 일로써
대비로 교화하시어 저희들을 이익되게 하시니
무량억 겁에 누가 능히 그 은혜를 갚을 수

있으리까!

손과 발 공양하여 바치고
머리 숙여 예경드리며
일체 온갖 것으로 공양드린다 해도
그 은혜 다 갚을 수 없으며,

머리 위에 이고 두 어깨에 업고 다니면서
항하의 모래알처럼 오랜 세월 정성껏 공경하고
맛좋은 음식과 한량없는 보배옷
좋은 침구와 여러 가지 탕약으로 공양드리며,

우두전단향과 여러 진귀한 보배로
탑을 세우고 보배옷을 땅에 펼치는 등
이러한 온갖 것으로 항하의 모래알처럼

오랜 겁 동안 공양하더라도 다 갚을 수 없나이다.

모든 부처님 희유하사 무량무변의
불가사의한 큰 신통력 있으시며
번뇌 없고 함이 없는
모든 법의 왕이시건만,

하열한 자를 위하여
일승의 가르침을 참고 말씀하지 않으신 채
상에 매인 범부중생들의
근기에 맞게 설법하셨나이다.

모든 부처님들께서 법에 자재하시어
중생들의 온갖 욕망과 의지력을 아시고

중생이 감당할 수 있는 정도에 맞게
한량없는 비유로 법을 설하시되,

여러 중생들 숙세의 선근을 따라서
성숙한 근기와 그렇지 못한 근기 살피시어
갖가지로 헤아리고 분별하여 아시고는
근기에 맞게 일승도를 삼승으로 설하셨나이다.

묘법연화경 제三권

제5 약초유품

그때에 세존께서 마하가섭과 여러 큰 제자들에게 이르시었다.

"착하고 착하도다, 가섭아! 여래의 진실한 공덕에 대해 잘 말하였나니, 진실로 네가 말한 바와 같도다. 더욱이 여래는 다시 한량없고 그지없는 아승기의 수많은 공덕을 가지고 있으니, 너희들이 설사 한량없는 억 겁 동안 그것에 대해 말한다 하더라도 다 말할 수 없느니라.

가섭아! 마땅히 잘 명심할지니, 여래는 모든 법의 왕으로 설법하는 내용들이 전부 그릇되지 않느니라. 모든 법을 지혜로운 방편으로써 연설하나니, 설법한 내용들이 전부 일체지의 경지에 이르게 하느니라.

여래는 모든 법이 돌아가는 곳을 잘 살펴서 알고, 또한 일체 중생들이 마음속으로 짓는 바를 알되 모두 통달하여 걸림이 없느니라. 또 일체 법을 구경까지 다 밝게 알아서 모든 중생들에게 일체지혜를 보여주느니라.

가섭아! 가령 삼천대천세계의 산과 내와 계곡 그리고 땅 위에서 자라는 초목과 숲속 여러 약초들은 그 종류가 여러 가지이며 이름과 모양도 각각 다르니라. 짙은 먹구름이 가득 퍼져서 삼천대천의 온 세계를 두루 덮고 일시에 큰비가 흡족하게 내리면, 초목과 숲 속 모든 약초들의 작은 뿌리·줄기·가지·잎사귀와 중간 뿌리·줄기·가지·잎사귀와 큰 뿌리·줄기·가지·잎사귀들이 저마다 골고루 젖게 마련이니라. 그렇지만 크고 작은 모든 나무들은 상·중·하의 크기를 따라서, 제각기 서로 다르게 비를 받아들이느니라. 똑같이 한 구름에서 내리는 비를 맞으나, 그 초목의 종류와 성질에 합당하게 비를 머금고 생장하며 꽃을 피우고 열매를 맺느니라. 다시 말해 비록 한 땅에서 자라나고 똑같이 비를 맞더라도, 모든 초목들은 각각 차별이 있느니라.

가섭아! 마땅히 잘 명심할지니, 여래도 또한 이와 같으니라. 즉 여래가 세상에 출현함은 커다란 구름이 일어난 것과 같고, 큰 음성으로써 널리 온 세계의 하늘천신과 사람과 아수라에게 두루 설법함은 마치 저 큰 구름이 삼천대천의 온 세계를 가득 덮은 것과도 같으니라.

그리고 대중 가운데에서 이렇게 외치되,

'나는 여래·응공·정변지·명행족·선서·세간해·무상사·조어장부·천인사·불세존이니라. 제도되지 못한 자를 제도시키고 이해하지 못하는 자를 이해시키며, 편안하지 못한 자를 편안하게 하고 열반을 얻지 못한 자로 하여금 열반을 얻게 하느니라. 지금 세상과 미래 세상을 있는 그대로 살피나니, 나는 일체를 아는 자인 동시에 모든 것을 보는 자이니라. 즉 진리를 아는 자이며 진리를 여는 자이고 진리를 말하는 자이니라. 따라서 너희들 하늘천신과 사람과 아수라 대중들은 법을 듣기 위해 모두 이곳으로 모이도록 하라.'

그때에 무수한 천만억 종류의 중생들은 부처님 처소로 가서 법문을 듣고자 하리라. 여래께서는 이때 그 모든 중생들의 근기가 영리한가 둔한가, 정진하는가 게으른가를 살피시어, 그들이 감당할 수 있는 정도에 맞게 여러 가지로 한량없이 설법하느니라. 그리하여 그들 모두로 하여금 기쁘고 즐겁게 하는 것은 물론, 아주 좋은 이익을 얻게 하시느니라.

그 모든 중생들이 법을 듣고 나면 살아 있을 때 안락하고 죽은 다음에도 좋은 곳에 태어나게 되거늘, 진리로써 즐거움을 삼으니 또한 자연 법을 듣게 되느니라. 법을 듣고 난 다음에는 모든 장애를 여의고 모든 법 가운데에서 그 능력에 따라 점차 진리에 들어가게 되느니라. 마치 저 커다란 구름이 일체 초목과 숲 속 모든 약초들에 비를 뿌리면, 약초들은 그 종류와 성질에 맞게 흡족히 비를 맞으며 제각각 다르게 생장하는 것과 같으니라.

여래의 설법은 한 모양이며 한 맛이니,

이른바 해탈한 모양이며 번뇌를 떠난 모양이고 고통이 사라진 모양으로 구경에는 일체종지에 이르게 하느니라. 그리하여 어떤 중생이 여래의 법문을 듣고는 수지하여 읽고 외우고 설한 대로 수행한다면, 그가 얻게 되는 공덕은 본인 스스로도 알 수 없을 정도로 많으리라. 왜냐하면 오직 여래만이 그 중생의 종류와 모양과 본질과 성품을 아시기 때문이니라. 그래서 중생이 무슨 일을 기억하고 무슨 일을 생각하며 무슨 일을 수행하는지, 어떻게 기억하고 어떻게 생각하며 어떻게 수행하는지, 무슨 법으로써 기억하고 무슨 법으로써 생각하며 무슨 법으로써 수행하는지, 무슨 법으로써 어떤 법을 얻는지를 알 수 있느니라. 중생들이 각기 여러 가지 경지에 머물러 있는 것을 오직 여래만이 여실히 보고 밝게 알아 걸림이 없나니, 마치 저 초목과 숲 속 모든 약초들이 자기 스스로는 상·중·하의 성품을 알지 못하는 것과 같으니라.

여래는 한 모양이며 한 맛의 법을 아나니, 이른바 해탈한 모양이며 번뇌를 떠난 모양이고 고통이 사라진 모양이며 구경의 열반이니 항상 적멸한 모양으로 마침내 공에 돌아가느니라. 부처님은 이를 다 아시지만 중생들이 마음으로 하고 싶어하는 것을 살피시고 그것을 보호하느라, 중생들에게 단번에 일체종지를 설하지 않는 것이니라.

가섭아, 여래가 근기에 맞게 설법한 것을

알고는 너희들이 믿고 수긍할 수 있다니 참으로 희유하구나. 왜냐하면 모든 부처님 세존께서 근기에 맞게 설하신 법은 보통 이해하기도 어렵고 알기도 어렵기 때문이니라."

그때 세존께서 거듭 의미를 표현하시고자 게송으로 말씀하셨다.

존재의 있음을 무너뜨리는
법왕께서 세간에 출현하사
우선 중생의 욕망에 따라
여러 가지로 법을 설하시니,

여래는 존귀하고
지혜도 매우 깊어서

오래도록 요긴한 법을 묵묵히 간직한 채
서둘러 말하시지 않느니라.

왜냐하면 지혜로운 자가 들으면
곧 믿고 이해할 수 있으나
어리석은 자는 의심하여
영원히 공덕을 잃게 되기 때문이니라.

그러므로 가섭아,
여래는 능력에 맞게 설법하되
여러 가지 인연으로써
바른 견해를 얻게 하느니라.

가섭아!
마땅히 명심할지니

가령 큰 구름이 세간에 일어나
일체 모든 것을 두루 덮으매,

지혜의 구름이 비를 품고
번갯불은 번쩍이며
우레 소리 멀리까지 진동하여
대중들을 즐겁게 하고,

햇빛이 가려져서
땅 위가 맑고 서늘해지며
비구름 뭉글뭉글 낮게 깔리어
가히 손에 잡힐 듯하매,

두루 평등하게 비 뿌리거늘
사방으로 함께 내려서

한량없이 흘러들어
온 국토에 흡족해지면,

산천의 험한 골짜기와
그윽하고 깊숙한 데서 자라나는
초목과 약초와 크고 작은 모든 나무들과
온갖 곡식의 싹과 감자며 포도들이

단비 맞고 촉촉해져서
모두 풍족해지고
마른 땅이 고루 젖으니
약초도 나무도 무성해지며,

구름에서 내리는 한 맛의 물줄기에
초목과 수풀이 제 분수 따라 비를 머금어

모든 나무들 상·중·하의 크고 작은 것에 맞게
제각기 생장함을 얻느니라.

뿌리와 줄기, 가지와 잎사귀
꽃과 열매의 빛깔과 모양이
똑같은 비의 혜택을 받아
모두 싱그럽게 윤택해지는 것은 사실이나,

그 본질과 모양과 성품에 있어서는
저마다 크고 작은 차이가 있듯이
비를 맞아 윤택해지는 건 같더라도
무성해지는 건 각각 다르니라.

부처님도 이와 같아서
세상에 출현하심은

비유컨대 큰 구름이
널리 일체를 덮은 것과 같거늘,

이 세상에 오신 뒤엔
여러 중생들을 위해
모든 법의 실상을
분별해서 연설하느니라.

큰 성인 세존께서
모든 하늘천신과 사람
일체 중생들 가운데
선언하시되,

'나는 여래이며
지혜 자비가 충만한 양족존이라.

내가 세간에 출현한 것은
큰 구름이 일체를 적셔주는 것과 같아서,

마르고 야위고 생기 없는 중생들
모두 고통을 여의고
편안한 즐거움과 세간의 즐거움
열반의 즐거움을 얻게 하려는 것이니,

모든 하늘천신과 사람들은
일심으로 자세히 듣고
모두 응당 이곳에 와서
위없이 거룩한 부처님을 친견하여라!

나는 세상에 가장 존귀한 자로
능히 나와 견줄 만한 이가 없건대

중생을 안락하게 하려고
세상에 출현해서,

모든 대중들을 위하여
청정한 감로법을 설하나니
이 법은 한 가지의 맛
바로 해탈이며 열반이니라.'

한결같이 미묘한 음성으로
이 뜻을 연설하여 펼치며
항상 대승을 위하여
인연을 짓거늘,

내가 일체를 관하되
골고루 다 평등하여

너와 내가 따로 없고
사랑하고 미워하는 마음도 없도다.

나는 탐욕도 집착도 없으며
또한 막히거나 걸릴 것도 없고
항상 일체 중생 위하여 평등하게 설법하되
한 사람을 위하듯이 여러 사람을 위하며,

일찍이 다른 일보다
언제나 설법하는 걸 우선시하여
아무리 가고 오고 앉고 서더라도
끝내 피곤과 싫증을 내지 않노라.

세간을 충족히 하되
단비가 널리 윤택하게 하는 것처럼

귀하거나 천하거나 높거나 낮거나
계를 지키거나 깨뜨렸거나,

위의가 갖춰졌거나 갖춰지지 못했거나
소견이 바르거나 삿되거나
근기가 총명하거나 우둔하거나 간에
평등하게 법비를 내리는 데 게으르지 않나니,

불법을 들은 일체 중생들
능력에 따라 받아들여 여러 경지에 머물거늘
인간이나 천상 또 전륜성왕이나 제석천왕·
범천왕 등
여러 왕이 되는 것은 하품의 작은 약초요,

무루법을 알아 능히 열반 얻어서

육신통 일으키고 삼명을 얻는 동시에
홀로 산림 속에서 항상 선정을 닦아
연각의 깨달음 얻으면 이는 중품 약초요,

세존의 경지를 구하여
나도 꼭 부처님 될 수 있다고
정진하며 선정을 닦는다면
이는 상품 약초니라.

또 모든 불자가 마음을 오로지
불도에 전념하여 항상 자비를 행하며
스스로 성불할 것을 알아서
결정코 의심이 없다면 이는 작은 나무요,

신통에 편안히 머물러

물러나지 않는 법륜을 굴리면서
한량없는 억백천 중생들 제도한다면
이러한 보살은 큰 나무니라.

부처님의 평등한 설법
똑같은 맛의 비와 같으나,
중생의 성품에 따라서 받아들여짐이 다르나니
초목들이 똑같은 비를 맞고도 자라남이 다른
것과 같도다.

부처님은 이런 비유 방편으로 열어 보이고
여러 가지 말씀으로 일승법을 연설하시지만
부처님 참 지혜에 비하면
큰 바다의 한 방울 물에 지나지 않도다.

내가 법비를 내려 세간을 충만케 하건만
똑같은 맛의 법을 중생은 자기 능력에 따라
수행하나니
마치 저 숲의 약초와 모든 나무들이
크고 작은 차이에 맞게 자라나는 것과 같도다.

모든 부처님 법은 언제나 한 맛으로써
모든 세간의 중생들로 하여금 두루 구족하게
하여
점점 차례로 수행해서
모두 도과를 얻게 하노라.

성문과 연각이 산림 속에서
윤회의 마지막 몸에 머물러
법을 듣고 과위를 얻으면

이는 약초가 각기 더욱 자라난 셈이며,

보살들이 지혜가 견고하여
삼계를 밝게 깨달아
최상승을 구한다면
이는 작은 나무가 더욱 자라난 격이고,

게다가 선정에 머물러서 신통력을 얻으며
모든 법이 공함을 듣고 마음에 크게 환희하여
무수한 광명 비추어 많은 중생들을 제도한다면
이는 큰 나무가 더욱 자라난 셈이로다.

이와 같이 가섭아,
부처님의 설법은
예를 들어 큰 구름이 똑같은 맛의 비로써

사람이나 꽃을 적시어 각각 열매 맺게 하는
것과 같도다.

가섭아! 마땅히 잘 명심하여라.
여러 인연들과 갖가지 비유로써
불도를 열어 보이나니
이는 나의 방편이자 다른 부처님들도 마찬가
지니라.

이제 너희들을 위하여
가장 참된 진실을 말하건대
여러 성문대중들은
모두 진짜 열반을 얻은 것이 아니니라.

너희들이 닦아야 할 바는

바로 보살도이니
점점 닦아 배워 나간다면
모두 마땅히 성불하리라.

제6 수기품

그때 세존께서 이 게송을 다 마치시고 모든 대중들 앞에서 소리 높여 말씀하셨다.

"나의 제자 마하가섭은 미래 세상에 마땅히 삼백만억의 모든 부처님 세존을 만나 뵈옵고, 공양드리며 공경히 존중하고 찬탄하리라. 널리 모든 부처님들의 한량없는 큰 가르침을 펼치다가 윤회의 마지막 몸으로 성불하리니, 부처님의 이름은 광명여래·응공·정변지·명행족·선서·세간해·무상사·조어장부·천인사·불세존이니라. 세계의 이름은 광덕이고, 시대의 이름은 대장엄이니라. 부처님의 수명은 십이 소겁이며, 정법이 세상에 머무는 기간은 이십 소겁이고 상법도 이십 소겁 동안 머무르리라.

그 세계는 장엄하게 꾸며져서 여러 가지 더러운 쓰레기나 기와조각·자갈돌·가시덤불·대소변 등 부정한 오물이 하나도 없으리라. 게다가 땅도 평탄하고 반듯하여 높고 낮은 곳이나 구덩이나 언덕 따위가 아예 없으리라. 청보석의 유리로 땅이 되고 보배나무가 줄지어 늘어서 있으며, 황금으로 줄을 꼬아 길의 경계를 표시함은 물론 여러 보배꽃들이 뿌려져서 주변이 두루 청정하리라.

그 세계의 보살들은 한량없는 천만억이며, 모든 성문대중들도 헤아릴 수 없을 정도로 많으리라. 마구니의 장난은 전혀 있을 수 없고, 설사 마왕과 마의 권속이 있다 하더라도 모두 불법을 보호하리라."

그때 세존께서 거듭 의미를 표현하시고자 게송으로 말씀하셨다.

모든 비구들에게 이르노니,
내가 부처의 눈으로 가섭을 보건대
그는 미래세 무수한 겁을 지나서
반드시 성불하리라.

앞으로 삼백만억 부처님 세존을
공양하고 친견하여 받들며
부처님 지혜 얻기 위하여
깨끗이 범행을 닦으리니,

가장 최상의 양족존이신
부처님께 공양 올리고 나서
온갖 위없이 높은 지혜를 닦고 익히다가
윤회의 마지막 몸으로 성불하리라.

그 땅은 맑고 깨끗하여 유리로 땅이 되고
보배나무들 길가에 줄지어 늘어서 있으며
황금줄로 도로의 경계를 표시하니
보는 자마다 기뻐하리라.

항상 좋은 향기 풍겨나도록
아름다운 꽃들을 흩뿌리고
갖가지 훌륭한 것들로 장엄함은 물론
땅이 평탄해서 언덕이나 구덩이가 없으리라.

여러 보살대중들은
그 수효 가히 헤아릴 수 없이 많거늘
마음이 차분하고 부드러워 큰 신통 얻으며
모든 부처님의 대승경전 받들어 지니고,

번뇌 끊은 최후신의 법왕 아들인
여러 성문대중들도
역시 헤아릴 수 없을 정도여서
천안으로 보더라도 다 셀 수 없으리라.

그 부처님 수명은 십이 소겁이며
정법이 세상에 머무는 기간은 이십 소겁이고
상법도 또한 이십 소겁 동안 머무르리니,
앞으로 광명 세존의 일이 이러하리라.

그때에 대목건련과 수보리와 마하가전연 등이 모두 송구스러워 어쩔 줄 몰라 당황하며 일심으로 합장하였다. 그리고 부처님의 거룩하신 얼굴을 우러러보며 잠시도 눈을 깜박거리지 아니한 채, 이윽고 함께 소리를 맞추어 게송으로 말씀드렸다.

크게 용맹하신 세존이시여!
모든 석가족의 법왕이시여!

저희들을 불쌍히 여기시어
부처님의 음성을 베풀어 주옵소서!

만일 저희들의 속마음 살피시고
수기를 주신다면
마치 감로수를 뿌려서
열을 식혀 시원함을 느끼게 해주시는 셈이 되며,

또 굶주린 나라로부터 와서
갑자기 대왕의 음식을 받기는 했더라도
먹어도 되는지 의구심을 품고 바로 먹지 못하다가
왕의 분부 받고서야 먹을 수 있는 것과 같으오리다.

저희들도 또한 그와 마찬가지로
매양 소승의 부족함만 한탄했을 뿐
마땅히 어떻게 해야만
부처님의 위없는 지혜를 증득하는지 몰라서,

너희도 성불한다는 부처님 음성 듣긴 했어도
마음에 아직 근심과 두려움을 떨치지 못하고
있나이다.
마치 왕의 음식을 감히 바로 먹지 못하는
것과 같아서
부처님의 수기를 받는다면 그때서야 정말
안락하오리다.

크게 용맹하신 세존이시여!
항상 세간을 편안케 하고자 하시니

부디 저희들에게도 수기를 내려주시어
마치 배고픈 이가 왕의 허락 받고 마음껏
먹게끔 해주소서!

그때에 세존께서는 큰 제자들이 마음속으로 생각하는 바를 아시고, 모든 비구들에게 이르시었다.

"이 수보리는 오는 세상에 삼백만억 나유타 부처님들을 받들어 뵈옵고 공양드리며 공경히 존중하고 찬탄하면서, 항상 깨끗한 범행을 닦아 보살도를 갖추고 윤회의 마지막 몸으로 성불하리라. 그 부처님의 이름은 명상여래·응공·정변지·명행족·선서·세간해·무상사·조어장부·천인사·불세존이니라.

시대의 이름은 유보이며 세계의 이름은 보생이니라. 그 땅은 평탄하고 반듯하며, 파려보배로 땅이 되고 보배나무로 찬란하게 장엄되리라. 그리고 언덕이나 구덩이 또는 모래나 자갈돌·가시덤불·대소변 등의 더러운 것이 전혀 없으며, 보배꽃이 땅을 덮어 주변이 두루 청정하리라.

그 땅의 백성들은 모두 보배로 된 정자와 진귀하고 아름다운 보배누각에 거처하리라. 또한 성문제자들이 한량없고 그지없어서 산수나 비유로도 능히 알 수 없을 정도이며, 보살대중들도 헤아릴 수 없이 많아서 무려 천만억 나유타나 되리라.

명상 부처님의 수명은 십이 소겁이며, 정

법이 세상에 머무는 기간은 이십 소겁이고 상법도 또한 이십 소겁 동안 머무르리라.

그 부처님은 항상 허공에 계시면서 중생들을 위해 설법하여, 한량없는 보살들과 성문 대중들을 제도하리라."

그때 세존께서 거듭 의미를 표현하시고자 게송으로 말씀하셨다.

모든 비구들아!
이제 너희들에게 이르노니
마땅히 모두 한 마음으로
내가 하는 말을 잘 듣도록 해라.

나의 큰 제자 수보리는 미래에 성불하리니

부처님 이름은 명상불이라.
헤아릴 수 없는 만억 부처님들께 공양 올리고
부처님 행하신 바를 따라서

점점 큰 도를 갖추다가
윤회의 마지막 몸으로 삼십이상을 얻으리니,
단정하고 아름다워
마치 보배산처럼 눈부시리라.

그 부처님 세계
엄숙하고 깨끗하기가 제일이어서
중생들 보는 자마다
모두 다 사랑하고 좋아하거늘,

명상 부처님은 그 가운데에서

한량없는 중생들을 제도하시되
그 부처님 법 가운데 수많은 여러 보살들은
근성이 총명하고 예리하여 불퇴전 법륜을
굴리리라.

그 세계는 항상 보살로 장엄되며
여러 성문대중들도 헤아릴 수 없이 많거니
전부 삼명을 얻고 육신통을 갖춘 채
팔해탈에 머물러 큰 위덕이 있으리라.

명상 부처님은 설법하실 때
한량없는 신통변화 나투어 불가사의하거늘
항하의 모래알처럼 수많은 하늘천신과 사람
들이
모두 함께 합장하고 부처님 말씀을 들으리라.

그 부처님의 수명은 십이 소겁이며
정법이 세상에 머무는 기간은 이십 소겁이고
상법도 또한
이십 소겁 동안 머무르리라.

그때 세존께서 다시 모든 비구들에게 이르시었다.

"내가 지금 너희들에게 이르노니, 마하가전연은 오는 세상에 여러 공양물로 팔천억 부처님들을 공양하고 받들어 섬기며 공경하고 존중하리라.

그리고 부처님들께서 열반하신 뒤 각각 탑을 세우는데, 높이는 천 유순이고 가로와 세로는 똑같이 오백 유순이리라. 금·은·유리·자거·마노·진주·매괴 등 칠보로 조성하고, 여러 가지 꽃과 영락·바르는 향·가루향·사르는 향·비단일산·깃발 등으로 탑묘에 공양하리라.

그런 뒤에 다시 이만억 부처님들께도 그와 같이 공양할 것이며, 그 모든 부처님들께 공양드리고 나서 보살도를 구족하여 마땅히 성불하리라. 부처님의 이름은 염부나제금광여래·응공·정변지·명행족·선서·세간해·무상사·조어장부·천인사·불세존이니라.

그 땅은 평탄하고 반듯하며, 파려보배로 땅이 되고 보배나무로 찬란하게 장엄되리라. 황금으로 줄을 꼬아 길의 경계를 표시하고, 아름다운 꽃으로 땅을 덮어 주변이 두루 청정하매 보는 자마다 기뻐하리라. 네 가지 악도인 지옥·아귀·축생·아수라도가 없고 하늘천신과 사람들이 대부분이며, 한량없는 만억 명의 성문들과 보살들이 그 세계를 장엄하리라.

그 부처님의 수명은 십이 소겁이며, 정법이 세상에 머무는 기간은 이십 소겁이고 상법도 또한 이십 소겁 동안 머무르리라."

그때 세존께서 거듭 의미를 표현하시고자 게송으로 말씀하셨다.

여러 비구들은
모두 일심으로 들을지니,
내가 하는 말은

진실하며 틀림이 없느니라.

여기 가전연은
여러 가지 아름답고 훌륭한 공양물로
모든 부처님들께 공양드리고
부처님들 열반하신 뒤에는 칠보탑을 세우며,

또한 꽃과 향으로써
사리에 공양드리고
윤회의 마지막 몸으로 부처님 지혜 얻어
등정각을 이루리라.

그 부처님 세계 맑고 깨끗하며
한량없는 만억 중생들을
제도하고 해탈하여

시방 중생들의 모든 공양을 받으리니,

부처님 광명보다 더 밝은 것이 없어서
부처님 이름도 염부금광불이며
일체 존재의 모든 미혹을 끊은
무량무수한 보살 성문들이 그 세계를 장엄하리라.

그때 세존께서 다시 대중들에게 이르시었다.

"내가 지금 너희들에게 이르노니, 마하목건련은 오는 세상에 여러 가지 공양물로 팔천 분의 부처님들께 공양드리고 공경하고 존중하리라.

그리고 부처님들께서 열반하신 뒤 각각

탑을 세우는데, 높이는 천 유순이고 가로와 세로는 똑같이 오백 유순이리라. 금·은·유리·자거·마노·진주·매괴의 칠보로 조성하고, 여러 가지 꽃과 영락·바르는 향·가루향·사르는 향·비단일산·깃발 등으로 탑묘에 공양하리라. 그런 뒤에 다시 이백만억 부처님들께도 역시 그와 같이 공양드린 다음에 마땅히 성불하리니, 부처님 이름은 다마라발전단향여래·응공·정변지·명행족·선서·세간해·무상사·조어장부·천인사·불세존이니라.

시대의 이름은 희만이며 세계의 이름은 의락이니라. 그 땅은 평탄하고 반듯하며, 파려보배로 땅이 되고 보배나무로 찬란하게 장엄되리라. 진주로 된 아름다운 꽃을 흩뿌려서 주변이 두루 청정하매 보는 자마다 기뻐하리라. (다른 악도는 없이) 하늘천신과 사람들이 대부분이며, 보살과 성문들도 한량없이 많으리라.

그 부처님의 수명은 이십사 소겁이며, 정법이 세상에 머무는 기간은 사십 소겁이고 상법도 또한 사십 소겁 동안 머무르리라."

그때 세존께서 거듭 의미를 표현하시고자 게송으로 말씀하셨다.

나의 제자 대목건련은
현재의 몸을 마친 다음
팔천 부처님들과

이백만억 부처님들을 친견해서,

불도를 위하여 부처님께 공양 올리고 공경함
은 물론
부처님들 처소에서 늘 범행을 닦으며
한량없는 세월 동안
불법을 받들어 지키리라.

부처님들 열반하신 후엔 칠보탑을 조성하되
황금 찰간을 높이 세우고
꽃과 향 그리고 음악으로써
모든 부처님들 탑에 공양 올리다가,

점점 보살도를 갖추어
의락국에서 성불하리니

부처님 이름은 다마라발전단향불이며
수명은 이십사 소겁이리라.

항상 하늘천신과 사람들 위해
불도를 연설하시니
성문들 한량없어 항하의 모래알처럼 많으며
삼명과 육신통으로 커다란 위덕 갖추고,

보살들도 무수히 많거늘
뜻이 견고한 데다 부지런히 정진하여
부처님 지혜에서
모두 퇴전하지 않으리라.

그 부처님 열반하신 후
정법은 사십 소겁 동안 머물고

상법도 역시
사십 소겁 동안 머무르리라.

또 나의 여러 제자들
위엄과 덕을 구족한 자가 오백 명이거늘
그들에게도 모두 마땅히 수기하리니
미래세에 전부 다 성불하리라.

나와 너희들의
지나간 세상 인연을
내 지금 마땅히 설하리니
너희들은 잘 들을지니라.

사경 끝난 날 : 불기　　　　년　　　월　　　일